New!

CAMP
新しいキャンプの教科書

監修　STEP CAMP

池田書店

少しでも
自然と一緒にいたい。

キャンプは
その気持ちをかなえてくれる。

緑に囲まれながら
ランチタイム。
鮮やかな紅葉の中で
コーヒーを一杯。

息をしているだけで気持ちがいい。
仲間と家族と、恋人と。

とっておきの時間を過ごそう。

時間をぜいたくに使える日。

焚火を前に、ハンモックの上で、
ただただ、何にもしない。

こんなぜいたくが許されるのは、
キャンプだからこそ。
今日は、なんの縛りもない。

日常から、解き放たれよう。

不便は、楽しい。

いつものように
電気やガスが使えない。
だから、キャンプは面白い。

人間の五感、知恵と技術。
頼もしき道具たち。

想像力があれば、なんでもできる。

CONTENTS

キャンプを盛り上げる
　アイディアレシピ……102
　ローストチキン……102
　骨つき豚スネ肉煮込み……104
　簡単豆カレー……106
　チキンカレー……107
　ころころ鍋……108
　トマト雑炊……108
　シーフードドリア……110
　丸テーブルパン……112
　自家製ソーセージ……114
　紅鮭の炭火焼き・カブの漬け物・
　　具沢山豚汁……117
　魔法のソースレシピ……118
　ビーフ＆ポテトソテー……119
　ホイルで蒸し焼き3種……120
　コンビニ食材でお手軽2品……121
　ささっとできる
　　簡単おつまみ4品……122
　シナモン風味の焼きリンゴ……124
　焼きバナナの
　　マスカルポーネ添え……125
炭の種類と失敗しない着火の仕方……126

PART 6
キャンプのススメ

僕らに自然が必要な理由……130
キャンプは生き方を教えてくれる……132
今しかできないキャンプをしよう……134
キャンプの知識は“いざ”に役立つ……136
一生モノを手に入れる
　ための6つの方法……138
ベテランキャンパーによる
　3つの愛用道具……140
初心者におすすめのキャンプ場……142

COLUMN

キャンプでは忘れ物だって
　遊びのひとつ……40
覚えておきたいロープワーク……64
ケガをしないための
　正しいナイフの扱い方……82
ハンモックのいろいろ……96
食材調達は“道の駅”で。
　その土地のものを食べる……128

この本では、アウトドアのプロ集団「STEP CAMP」の2人がキャンプを楽しむための基礎知識を解説していきます。2人の得意分野では、それぞれが身につけてきたコツや、味わってきた醍醐味を紹介しています。
また、「いざ」に役立つキャンプの知識は、「STEP！IDEA！」というコーナーで紹介しています。

寒川 一（さんがわ はじめ）
サボリ（遊び）と焚火の達人。2006年より三浦半島にてアウトドアショップを開業。サボリをテーマに焚火カフェや満月散歩など独自のアウトドアサービスを展開中。2014年にSTEP CAMPを設立し、以降さまざまな場所でイベントを開催する。

柳 尚文（やなぎ なおみ）
キャンプ・アウトドア暦は25年になり、川下りカヌーやオートキャンプからハイク・山岳キャンプと幅広く経験。基本的なキャンプノウハウや道具の研究、扱い方に長ける。イベント時にはメンバーのまかないも担当する。

はじめに

やったことないけどキャンプがしたい！その衝動にかられたとき、次にどんなアクションに出るのでしょう。
アウトドアショップに行ってみる、詳しそうな友人に尋ねる、インターネットで検索する……。
少なくとも本書を手にしてくれたあなたは本当に自分にできるのか、半信半疑だと思います。

そもそもキャンプって誰かに教わってやるというより、自然の中で試行錯誤を繰り返し、
経験を積むことで自ずと身につくものかもしれません。ただ、自然相手ですから予期せぬ状況にも遭えば、
手痛い失敗もあるかもしれない。小さなつまずきでせっかく挑んだキャンプが嫌になってしまったり、
自然が遠のいてしまうのは残念なことです。ほんの少しのコツや知識を得るだけでその敷居はぐんと下がるし、
なによりキャンプの楽しさの本質を味わってもらえるはずですから。

この本はキャンプ好きのオジさんたち（STEP CAMPといいます）が、みなさんのアウトドア体験の
お手伝いができないかと考えてつくったものです。キャンプは何十年と続けても飽きることのない奥行きと、
多少の失敗は楽しみに換えてくれる懐の深さを持っています。子どもから大人までがずっと楽しめる、
答えを持たない永遠の遊びなのです。そこにはさまざまなスタイルが確立されていて、
それぞれに自然やキャンプを楽しんでいます。

この本では、これからキャンプをはじめようとするあなたに少しだけ、僕たちなりのアイディアをお教えします。
そこからどこを目指すかはあなたの自由。山、森、水辺、朝昼夜、春夏秋冬、晴れ、曇り、雨、雪、家族や友人と、
キャンプのシチュエーションの組み合わせは無限です。365日自然の世界は開かれていて、相応の準備をすれば
いつでも僕らを迎え入れてくれるでしょう。さてさて、高まる気持ちをそのままに本書を読み進めてください。
あなただけの新しいキャンプはもうはじまっていますよ。

Have a nice camping life!

PART 1

キャンプをはじめよう

この章では、キャンプのはじめ方や、
揃えておきたい道具のことを説明しよう。
「キャンプ道具って何から揃えたらいい？」
「家族をキャンプに連れていくのは初めて」
と、不安を感じる方もご安心を。
まずは、野外で寝泊まりするうえで必要な
キャンプの基礎知識を理解して、
できることから少しずつ準備すれば大丈夫。

「新しいキャンプ」をはじめよう

たくさんのモノを持ち出した便利なキャンプもあるけれど、
なんだかスマートじゃない。自分で選んだ少ない道具でシンプルに楽しむ。
これが、いまの時代にマッチした新しいキャンプだ。

モノがなくてもこんなに豊か。これからのキャンプはシンプルイズベスト

キャンプは楽しい。使える道具は限られているし、料理をするのは外だし寝るのは地面の上、毎日の暮らしやホテル泊の旅行に比べたら、ずっと不便なはずなのに、それでも楽しいのだ。必要最小限の道具を選び、使いこなし、自分の手で暮らしをつくり上げる。この喜びこそ、キャンプの楽しさの根源だ。少し大げさにいえば「自らの力で生きること」、それがキャンプなのだ。

便利なモノにあふれる豊かな現代、物質的な豊かさよりも、精神的な豊かさを求める時代に変わってきている。自然のなかで小さな暮らしを営むキャンプは、野外で過ごす気持ちよさも合わせて、大きな満足感を得られるものだ。

モノがあふれる時代だからこそ、シンプルにスマートにキャンプを楽しむ。たとえば究極的にシンプルに、火や水、太陽光といった自然の恵みだけでまかなう電気やガスに頼らないキャンプにもチャレンジしてみたい。環境やエネルギーといった現代社会の課題という点からみると、この新しいキャンプの形は、未来の暮らしの最先端といえるかもしれない。

便利なモノを「あきらめる」のではなく「選びとる」。少ない道具で暮らしを楽しむ。これが、本書でおすすめする新しいキャンプの形だ。モノがなくてもこんなに豊かで楽しいことを体験してほしい。

新しいキャンプのキーワード

NATURE
ナチュラル
環境・共存

自然のなかに身をおく心地よさを感じながら、自然と共存し、自然にダメージを与えないことも考える。

SUSTAINABLE
サスティナブル
持続性

環境ともリンクする、現代社会のキーワード。キャンプのスキルは、持続可能な方法で豊かに暮らす技術だ。

INTELLIGENCE
インテリジェンス
知性

自分に必要なものを選び取る、使いこなす知恵を持ちたい。

SIMPLE
シンプル
簡素・簡単

クルマに積めば、いくらでも道具は持ち出せるが、不便を楽しむくらいの気持ちで、道具は自分なりに厳選したものをコンパクトにまとめる。シンプルなキャンプがスマートだ。

PEACE FULL
ピースフル
安全・平和

自由にキャンプを楽しめるということは平和の証。野外生活を安全に過ごすスキルを身につけ、いつまでもキャンプを楽しむことができる社会が続いていくことを考えたい。

これさえあればキャンプは楽しい

便利なグッズをあれこれ駆使する楽しみ方もあるけれど、キャンプはシンプルなほうが、準備・片づけも楽だしカッコいい。「新しいキャンプ」に欠かせない3つの要素がこれだ。

なによりの贅沢。
お気に入りを探そう

豊かな自然環境

人はだれでも、自然のなかに身をおくと心地よく、リラックスできるもの。これはきっと、生き物の本能だ。忙しく働くふだんの日々のなかではなかなか触れることができない、とびっきりの自然のなかで昼夜を過ごすキャンプにおいて、キャンプ地の環境はとても大事だ。自然に恵まれた素敵な場所があれば、それだけでキャンプは成功したも同然。「お気に入りの大木がある」とか「春の桜と秋の紅葉が最高！」とか、「魚がよく釣れる川がある」などなど……それぞれの視点で、お気に入りのキャンプ地を見つけたい。

眺めるだけでも優雅な時間。
もちろん料理にも

焚 火

昔は家の庭でもされていた焚火だが、最近ではすっかり見ることもなくなり、木の燃えるにおいや揺らめく炎に接する機会は皆無に等しい。しかし、焚火はいい！ 火を焚いて過ごすキャンプの夜は最高だ。「火」を手に入れた古からの記憶がDNAに刻まれているのか……。なにをするわけでもなく、ただ眺めているだけで、なぜか気持ちが安らぐ。焚火をするためにキャンプをするという人も少なくないし、焚火に接してみて「好きじゃない」と感じる人は、そうそういないだろう。便利な道具がなくても、焚火さえあれば、キャンプはとても豊かになる。

選び抜かれた
自分だけのキャンプセット

必要最小限の道具

後にキャンプに必要な道具を紹介するが、そのすべてが必要なわけでない。道具はあればあるだけ便利で快適になるが、それでは家にいるのと変わらない。たとえば山登り。山小屋やテント場で快適に過ごそうと、あれもこれもザックに入れていくと重たい荷物を担いで登ることになる。自ずと必要な道具は絞り込まれていくのだ。とはいえ、引き算ばかりをすすめているわけではない。何かを減らした代わりに、ギターでもカメラでも外せないものは持っていく。自分だけの必要最小限のキャンプセットを選び抜こう。

ALOHA
STATE

キャンプのはじめかた　キャンプの基本③

キャンプで身につく「生きる力」

薪を拾って火をおこす、調理する、外で寝る。たった数日のキャンプでも、それは野外での生活だ。キャンプのスキルは、野外で生きていく力でもある。

少ない道具で暮らしを創造する

　キャンプは、日常生活とはかけ離れた野外生活でもある。便利なキャンプ道具があるとはいえ、スイッチひとつで火が着くコンロや、暖かいも涼しいも思いのままのエアコンのある「家」に比べれば、やっぱり不便だ。こうした少々の不便さを楽しむのもキャンプの醍醐味だが、加えてもうひとつ、キャンプ生活での経験は、生きる力を身につけることでもある。たとえば大きな災害が起こり、電気やガスが止まってしまったら……。これは野外生活によく似た環境であり、キャンプのスキルがあれば、ムダに慌てることなく過ごすことができるのではないだろうか。家にキャンプ道具があるということも、もしものときの備えとなる。キャンプの経験を積んでいることで、「いざとなったら、屋外でも生活できる」スキルが身につく。それは自分や家族を守るための自信にもつながっていくだろう。

焚火は、暖がとれ調理ができ、周囲を明るくすることもできる優れもの。しかし木を上手に燃やすのは、慣れないと意外と難しい。キャンプ生活で火を焚くことに慣れておけば安心だ。

自然をそのままに感じて過ごすキャンプ生活を送ることで、さまざまな環境に適応できる力が身につき、少ない道具で身の回りを整え、快適に過ごす空間づくりも上手になる。

**キャンプはけっして
訓練ではないが、野外で過ごす時間を
楽しむうちに、自然と生きる力が
身つくとしたら、なんておトクなんだろう！
キャンプを楽しみながら、
技術と知識を習得しよう。**

食事は命の源。家でも野外でも、食事がなければ生きていくことはできない。キャンプでの料理は、シンプルな道具と入手できる材料で、おいしいモノをつくること。これぞ生きる力！

野外で遊ぶスキルとは、特別な道具がなくても、身の回りにあるものを使って楽しく過ごすことができる力でもある。遊びは生きる上での潤滑剤やエネルギー源なのだ。

キャンプを楽しみながら、
野外生活のスキルを
身につけるということは、
たとえば災害時、避難生活など、
「いざ」というときに
備えることにもつながる。
スキルといっても、
わざわざ学ぶことはなく、
何度も出かけているうちに、
自然に身についてくるもの。
そんな力が「備え」となり、
もしものときへの不安を
軽くしてくれるだろう。

楽しみながら
”いざ”に備える。
これが新しいキャンプの
スタイルだ！

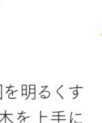

はじめての キャンプに挑戦！

道具やスキルの不足など、いろいろ不安はあるけれど、キャンプをしたい！と思ったら、とにかく外へ出かけよう。どんなスタイルでもいい。野外生活の楽しさを知ろう！

外へ出かけて、寝てみよう

　裏の林につくった秘密基地や反抗期の小さな家出。少年時代にちょっとワクワクした出来事とキャンプの楽しさは、少し似ている。自分だけの小さな空間、野外で過ごす夜は、世代に関わらず楽しいものだ。体験しないのはもったいない！ とはいえ、すっかり大人になったいま、野外で寝るなんて寒いのでは？ 暑いのでは？ 汚いのでは？ 虫が出るのでは？ と不安が頭をもたげてくる。家族を連れていくとなれば、なおさらだ。そこで断言しよう。キャンプは楽しい！ どんなスタイルでもいいから、まずは出かけてみてほしい。不安要素は、行き先選びや便利なグッズの活用で解消できるはずだ。最近は道具のレンタルも充実しているし、たとえば慣れないうちは、コテージを利用したり、ベテランキャンパーに同行するのもいい方法だ。ともあれ、まずは出かけてみること。楽しい世界が待っているぞ！

はじめ方は
なんでもアリ。
楽しむことがいちばん！

おすすめしたい
4つのはじめ方

#1

デイキャンプでお試し

いきなり野外でひと晩を過ごすのが不安ならば、まずはデイキャンプから始めてみよう。本番の泊まりキャンプに備えて、揃えた道具の使い方を試し、野外料理の楽しさとおいしさを体験する。お弁当持参のピクニックや河原でするバーベキューなどの延長として気軽に実践できるので、初体験にはおすすめの方法だ。野外生活の楽しさを知れば、早く本格キャンプに出かけたくなるに違いない。

#2

仲間を見つけておよばれ

周囲に、すでにキャンプを楽しんでいる人がいたら、ぜひキャンプに連れていってもらおう。何かと不安の多い初キャンプも経験者と一緒なら安心だ。慣れている人は、道具の使い方をはじめ、さまざまな楽しみ方を知っているから、いきなり自分だけで行くよりも充実した時間を過ごすことができるし、キャンプのテクニックを知ることもできるのだ。

#3

テントとシュラフだけ持って！

キャンプの最大の醍醐味である「野外で（しかも地面に）寝る」体験は、テントとシュラフがあれば実践できる。いろいろ楽しもうとすると道具を揃えたくなるが、初体験として野外で寝てみて、テントの居心地のよさや大地の感触を確かめてみるのはどうだろう？ 無理して一泊せず、昼寝だけの体験でも十分だ。キャンプの醍醐味を垣間みれる。

#4

コテージに泊まる

道具もなくて、キャンプも未体験の人なら、いちばん手軽な方法は、コテージ泊。それでもただ泊まるだけでは、ただの旅行になってしまうので、最低限の調理道具だけは持参して野外料理に挑戦するといい。バーナーや焚火台、バーベキューコンロがあれば、鍋や食器、皿や箸は自宅で使っているものでも十分だ。シンプルな装備で、まずは自然のなかで過ごす気持ちよさを体験してみよう。

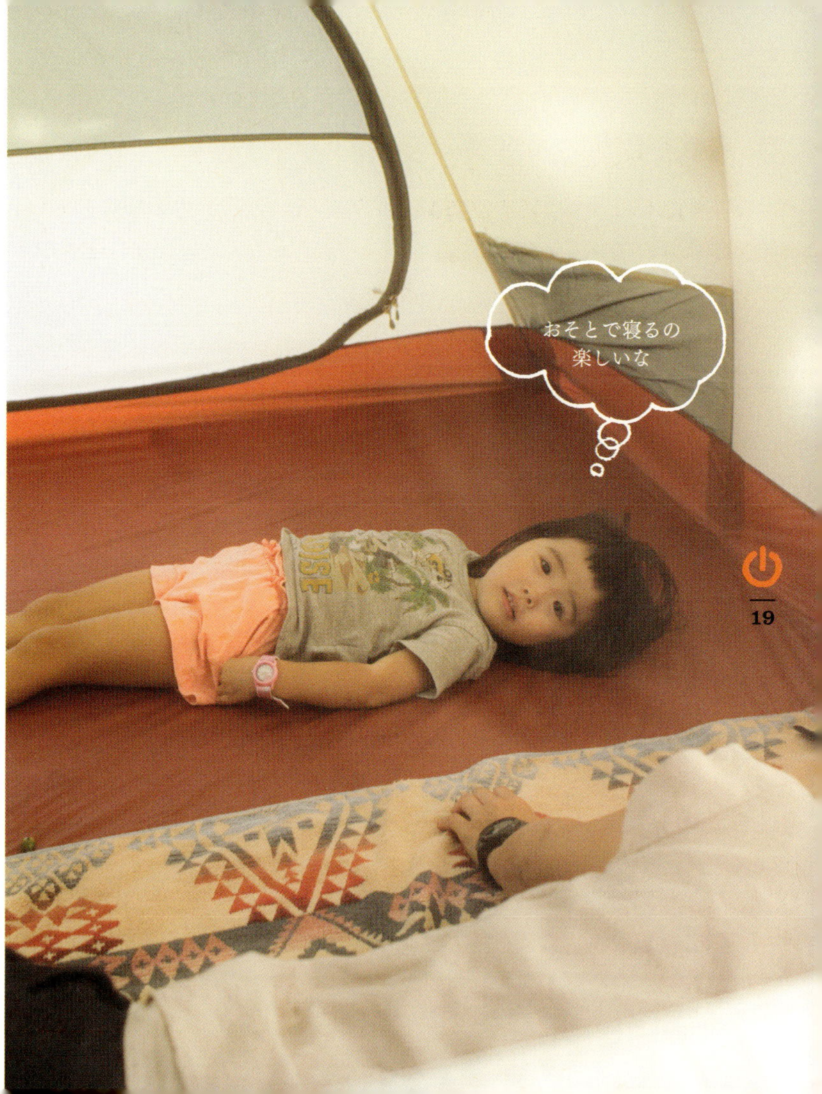

必要な道具を揃えよう

食器や包丁などは
家で使っている
ものでOK！

慣れないうちはここで紹介する一式を参考に、必要な道具を持ち込もう。
次第に慣れてきたら、季節や行く場所に応じた、自分なりの道具を厳選していこう。

道具のチェック表

●=必須アイテム

【衣】

- ● 帽子（P34）
- ● タオル（P34）
- サンダル（P34）
- ● アウター、防寒具（P34,36）
- ● レインウェア（P37）

【食】

- バーベキューグリル（P25）
- 網
- バーナー（P26）
- ● 燃料（P26）
- ● 食材（人数分）
- ● お酒、飲み物
- ● 調味料
- ● ウォータータンク（P27）
- ● クーラーボックス（P26）
- 保冷剤、氷
- ● クッカー（鍋、P27）
- ● 包丁、ナイフ
- まな板
- はさみ
- 缶切り、栓抜き
- トング
- おたま
- しゃもじ
- ● 食器（P27）
- シェラカップ（P27）
- ● カトラリー（箸など、P27）
- 串
- 計量カップ
- 真空パック
- アルミホイル
- サランラップ
- キッチンペーパー
- 洗剤
- スポンジ
- たわし
- 布巾
- ● ゴミ袋、ビニール袋
- バケツ（P27）

【住】

- ● テント（P22-23）
- ペグ一式（P50）
- ペグハンマー（P28）
- レジャーシート
- ● シュラフ（P24）
- ● マット（P24）
- ブランケット
- ● ランタン（電池式）（P24,56）
- ランタン（燃焼式）（P24,56）
- 予備マントル（P58）
- ● ヘッドライト（P31）
- タープ（P28）
- テーブル（P29）
- チェア（P29）
- キッチンテーブル（P26）

【火】

- ● 焚火台（P25,73）
- 炭（P126）
- 薪（P70）
- ● 火ばさみ（P68）
- ● グローブ（P68）
- チャコールスターター（P25）
- 火消しツボ（P25,127）
- うちわ
- ● ライター（P68）

【その他】

- ● トイレットペーパー
- 段ボール
- 新聞紙
- ● 応急セット（P38）
- ● 保険証

キャンプ道具一式の例▶ ①バーベキューグリル ②カトラリー・調理器具セット ③テーブル ④タープポール（メイン）2,800㎜ ⑤ケトル ⑥燃料 ⑦タープポール（サブ）1,800㎜ ⑧クッカー ⑨タープロープ ⑩ペグ ⑪キッチンツール ⑫クーラーボックス ⑬シュラフ ⑭ピクニックマット ⑮キッチンワークテーブル ⑯タープ ⑰バーナー ⑱バーナースタンド ⑲テント ⑳チェア ㉑マット ㉒ランタン ㉓斧＆ナタ ㉔焚火台

テント選びは家選び

テントがあれば、地球のどこでもわが家になる。どこへ出かけるのも自由だ。居心地のよさにこだわって、お気に入りのわが家を選ぼう。

シンプル・コンパクトなタイプがカッコいい

テントは、キャンプにおける大事なわが家であり、風雨、暑さや寒さ、虫などから身を守る大切なシェルターでもある。好きなときに好きな場所に設営すれば、あっという間に、その場が快適な住処になる。テントを持っていると、なんだか自由にどこへでも行くことができそうな気分になるものだ。簡易的な響きのあるテントという呼び名よりも、柔らかで自由な家=「ソフトハウス」と呼びたい、重要なアイテムだ。

形状やサイズにはいくつものタイプがあるが、いまおすすめしたいのは、ソフトハウスにふさわしいシンプルでコンパクトなタイプ。オートキャンプの定番だった小屋のような形の大きなテントに比べると居住性には劣るが、設営・撤収がしやすく、身軽さ自由度はピカイチだ。

テントの違いを知ろう

シンプルなタイプにも、いくつかの種類がある。
使用する人数やよく行く場所の気候などに合わせて、
自分にぴったりのタイプを選びたい。

形状の違い

◎ドームテント

現在最もポピュラーなテント形状。2～数本のポールで本体を立ち上げる構造で、ポールの配し方の違いで居住性が決まる。最近は壁を高く立ち上げられるタイプも多く、居住性も高い。小型から大型まである。

◎ワンポールテント

真ん中に1本のポールを立てて設営する三角形のテントは、その愛らしい形状から人気のタイプ。本体を地面に固定しないと自立しないので設営場所を選ぶが、ポールが少ないので比較的軽量でコンパクトに収納できる。壁の立ち上がりが鋭角なので天井が低く、居住性にはやや劣る。

本体の違い

◎ダブルウォール

本体と防水性のあるフライシートの二重構造となるタイプ。雨、湿気の多い日本では、こちらのタイプが主流。内側の本体がメッシュのタイプなどもある。フライシートの内側が結露しても、シュラフが直接触れずに済む。

◎シングルウォール

フライシートが付属せず、本体だけで防水性をもたせたタイプ。軽量で設営・撤収が楽。非自立式のワンポールテントなどに多い。内側が結露するのでシュラフが触れないように注意。

設営法の違い

◎自立式

本体とポールを合わせれば立ち上がるタイプ。ドーム型の多くは、このタイプ。設営場所を選ばないので、一般的にはこのタイプが多く使われている。

◎非自立式

一部のドーム型やワンポールテントに採用される、本体を地面に固定しないと立ち上がらないタイプ。そのためペグが打てない岩の地面などには設営しにくい。

▶吊り下げ式とスリーブ式

テント本体をポールに吊り下げるタイプと、テントについているスリーブにポールを通すタイプもまた設営法が異なる種類。前者は設営が比較的簡単で、後者は面倒だが強度が高いといわれている。

ほかにもある

軽量コンパクトな山岳用

すべての荷物を背負って歩く登山だけに、山岳用テントには驚くべき軽さのものもある。小型のものが多い。

居住性重視のツールーム

いかにもオートキャンプらしい、2部屋続きの大型テント。設営・撤収は少々面倒だが、居住性の高さはピカイチだ。

キャンプを快適にする道具たち

キャンプに使用するアイテムをひと通り紹介。
まずはどんなアウトドア道具があるのか知識として身につけよう。
そこから自分に必要な道具をチョイスして、
自分なりのキャンプセットを確立しよう。

【寝る】

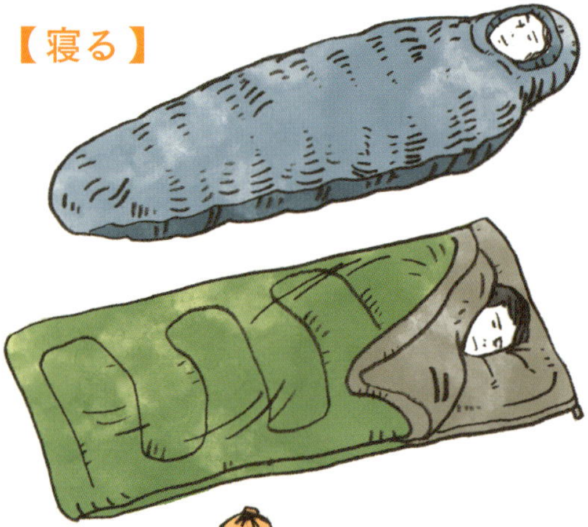

シュラフ（寝袋）

布団代わりの寝袋の形は2種類

キャンプの寝具、シュラフは、体の形のようなマミー型（上図）と布団をたたんだような封筒型（下図）の２タイプが主流。中綿は、ダウンと化繊綿の２タイプがある。キャンプではゆったり眠れる封筒型を選ぶ人が多いが、さまざまなシーンで活用されているマミー型のほうが、素材や適応温度などの違いで多くの種類がある。コンパクトさ、暖かさを重視するならダウンがおすすめだ。ダウン素材は濡れると重さで膨らみが萎んでしまい保温力が低下してしまう。テント内側の結露に触れないように注意が必要だ。

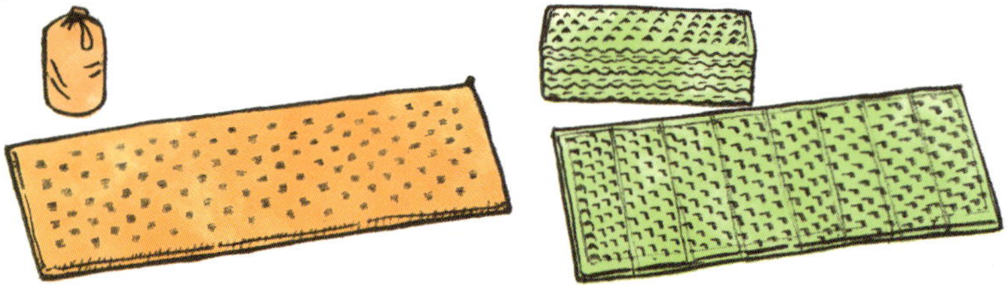

ランタン

テントサイトを照らす小さな明かり

電気のないテントサイトでの照明がランタン。ガス、ガソリン、電池式（P56）の種類があり、テーブルまわりで長時間、使うならガスかガソリン式（左図）、テント内ではコンパクトで火を使わない電池式（右図）と使い分けるといいだろう。（P58）テーブルまわりを照らすなら、ポールタイプのランタンホルダーがあると広範囲を照らすことができて便利だ。

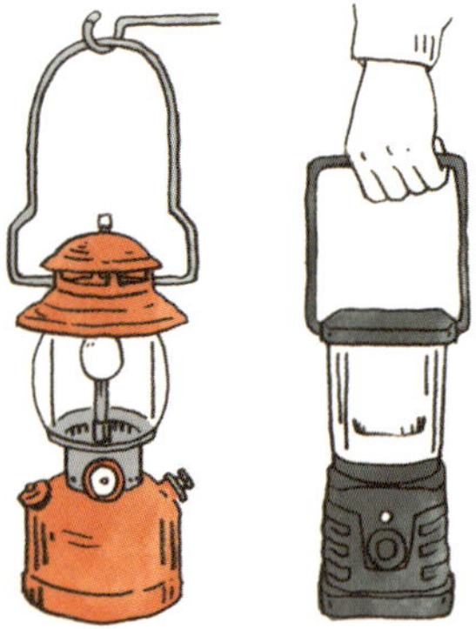

マット

地面からの冷気をシャットアウト

テントの床は薄いシート一枚のみ。直接寝るのでは、地面の冷気で冷えるし、デコボコが背中を刺激する。マットは安眠のための必需品だ。大きく分けると、ウレタンなどクローズドセル（右図）、空気を入れるインフレータブル（左図）の2タイプ。車で行くキャンプなら、収納サイズは大きいが、使用場面を選ばず手軽に使えるクローズドセルが便利だ。

【火を燃やす】

焚火台

「新しいキャンプ」のマストアイテム

近年は地面で直接火を焚くことを禁止している場所が多いので、焚火には専用の台を使うのが一般的。金属の箱の中で薪を燃やすので、地面へのダメージを軽減できるし、網などを乗せやすいメリットがある。素材や形状、サイズなどにいくつかのタイプがあり、焼き網や鍋などの組み合わせ方にも特徴があり、価格も幅広い。「ただ火を眺めるのが好き」「がっつり料理もしたい」「車が小さいのでコンパクトなものを」などなど、自分の焚火スタイルに合わせて選ぶとよい（P73）。

バーベキューグリル

焚火台と兼用しても

キャンプといえばバーベキュー派！なら、ぜひとも欲しいのがコレ。角形、丸形、折りたたみ式、ふたつきなどいろいろなタイプがある。キャンプには持ち運びしやすいタイプのものが向く。

あると便利

チャコールスターター

炭火料理にはぜひ使いたい

焚火台やバーベキューグリルで炭を使うときにあると便利な火おこし器。昔からある道具のキャンプバージョンで、中に炭を入れてバーナーの火にかけて着火する。コンパクトにたためるものもある（P127）。

火消しツボ

あれば安心の火まわりアイテム

周囲の安全に注意すれば、焚火の残り火は燃え尽きるまで放置してもいいが、風があるなど、心配な状況に備えて火消しツボを用意しておくと安心だ。消し炭の持ち帰りにも使える（P127）。

【調理する・食べる】

バーナー

**野外でも自宅と変わらぬ
パフォーマンス**

微妙な火加減も調整できるのが、アウトドア用バーナーのいいところ。オートキャンプでは、二口コンロのツーバーナー（右図）が主流で、燃料にはガスとガソリンがあり、ガスのほうが扱いやすい。テーブル上でも使えるシングルバーナー（左図）はガス式が主流で（ガソリン式もあるが）、一体型と分離型の２タイプがある。

▶燃料を統一しよう

ガス燃料にはアウトドア缶（OD缶）とカセットガス缶（CB缶）がある。OD缶は登山向きで耐久性に優れているが、専門店などで購入するのが主。一方CB缶の場合、家庭用のガスコンロとの併用も可能で、コンビニやスーパーなどでも入手しやすい。いずれの場合でも、ランタンやバーナーは同じタイプの燃料に統一すれば、使い回しができてより経済的だろう。

クーラーボックス

テントサイトの冷蔵庫

持ち込んだ食品を傷ませないためにも、冷たいビールを飲むためにも、キャンプには欠かせないアイテムのひとつ。1～2泊のキャンプには50ℓ前後のハードタイプ（上図）＋収納性に優れたソフトタイプ（下図）を用意しておくと使いやすい。ハードタイプにはよく出し入れをするドリンク類を、ソフトタイプには食材など密閉しておきたいものを入れるなど、使い分けるとよい。小さなソフトタイプであれば、ハードタイプの中に入れてさらに保冷力を高めることができる。どちらも保冷剤や氷を入れて使う。

キッチンテーブル

料理好きなら絶対欲しい！

ツーバーナーを使って本格的に料理をする人には、あるとうれしいキッチンテーブル。折りたたみの作業台で、鍋や食器を置けるラックなどがついている。ステンレスなど金属製のものが、熱に強く、清潔を保ちやすい。周囲に、ツーバーナーやウォータータンク、クーラーボックス、ゴミ箱などを上手に配置し、使いやすいキッチンをつくろう。バーナースタンドが付属したものだと、配置に自由が利かない場合があるので、あらかじめ確認を。

ウォータータンク

テントサイトにも炊事場をつくれる

キャンプ場には炊事場があるが、テントサイトにも水場をつくれば、料理やお茶を入れるときなどに便利だ。蛇口つきのタンク（ジャグともいう）に水を溜め、使いやすい高さのスタンドに設置すれば、専用の水場ができあがる。設置用ならハードタイプ（左図）、収納性ならソフトタイプ（右図）が適している。

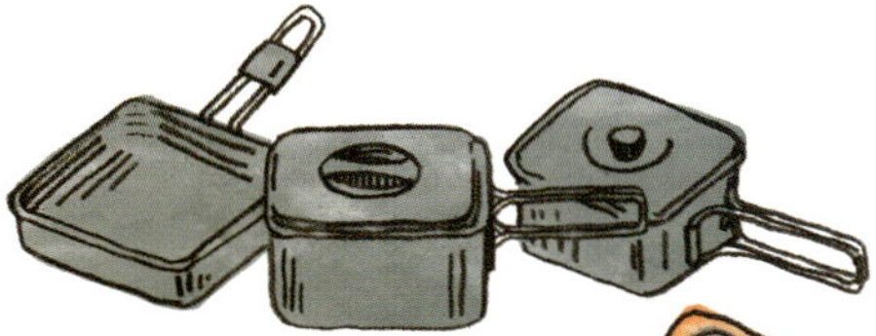

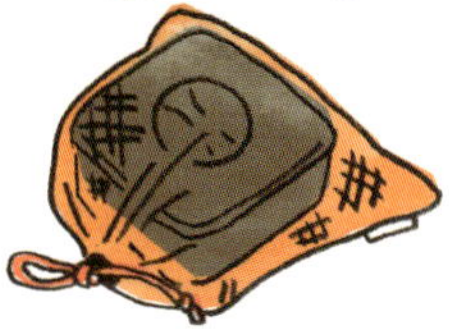

クッカー（鍋）

人数、調理スタイルに合わせて用意

ステンレス、アルミ、ホウロウなどの素材、サイズも各種ある。大小の鍋とフライパンがセットになったものならスタッキング（積み重ね）できるので収納しやすい。４人家族ならステンレス鍋２個＋フライパンのセットを基本に、必要なものを加えていくとよいだろう。焚火料理にはダッチオーブン（P77）が向く。

カトラリー（箸など）

ゴミを減らすならここから

食器同様、専用を用意して割り箸から卒業しよう。食器に合わせて好きなものを選ぶとよい。箸、スプーン、フォークが人数分あればよいが、迷子になりやすいので予備もあれば安心だ。個人用のほか、調理に使う菜箸やおたま、ヘラなどの用意も忘れずに。登山用に携帯しやすい折りたたみのものもある。

あると便利

バケツ

ウォータータンクの下には、キッチンシンク代わりにバケツを置いておくと、水が垂れ流しにならず使いやすい。溜まった水は洗い物のつけ置きなどに利用する。炭の火消しにも利用できるだろう。たくさんの洗い物は、キャンプ場の炊事場で行うようにしよう。

食器

割れない素材を選ぼう

紙やアルミの使い捨て皿もあるが、ゴミが増えるばかりなのでキャンプ用の食器を用意するとよい。アウトドアグッズである必要はなく、好きなものを選べばよいが重ねて収納できる、割れない、洗いやすい素材のものが使いやすい。木の食器なども雰囲気がよく、おすすめだ。

あると便利

シェラカップ

昔からあるアウトドア用食器の定番。無骨なデザインで、積み重ねできる形状と、火にもかけられる頑丈さが特徴。取り皿として使ったり、１人前のコーヒーを入れるのに使ったりと使い勝手がいい。

タープ

日射しや雨を避ける屋根

テントと並べて設置するキャンプ用の屋根。タープの下にテーブル＆チェアを並べれば、専用のアウトドアリビングの完成だ（レイアウトについてはP44を参照）。ポピュラーなのは、多角形の一枚布をポールで立てる「ヘキサタープ」。アレンジしやすく、ほかに比べてかさばらない。そのほか、独立した部屋がつくれる「シェルター」タイプや、メッシュ式小屋型の「スクリーン」タイプなどがある。大型のものは長期キャンプにおすすめだ。

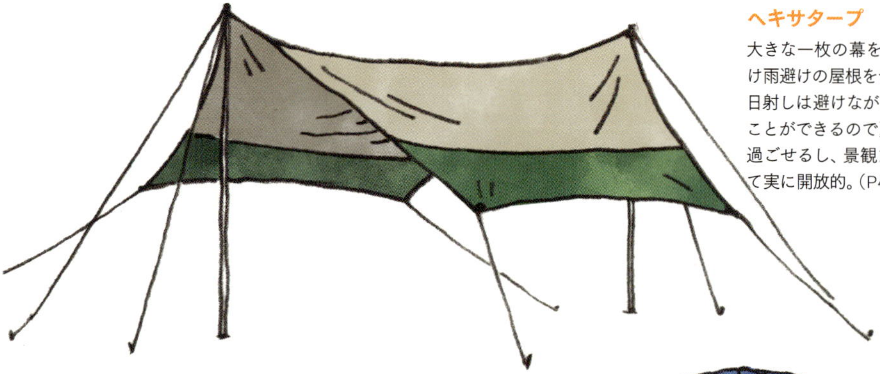

ヘキサタープ

大きな一枚の幕を広げて、日避け雨避けの屋根をつくるタイプ。日射しは避けながら風を感じることができるので夏でも涼しく過ごせるし、景観だって楽しめて実に開放的。（P48）。

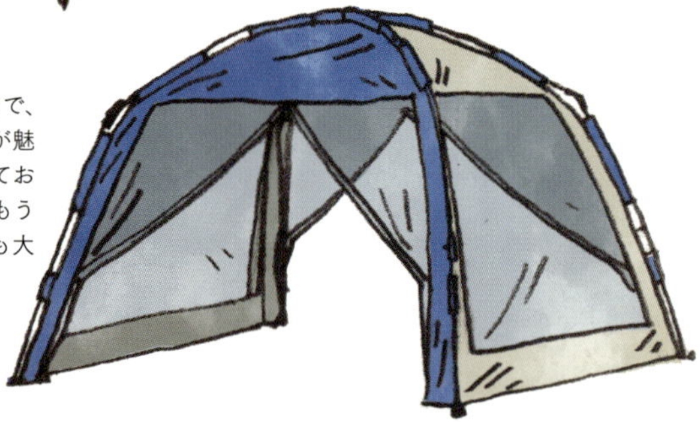

スクリーンタイプ

ドームテントのような構造で、天井も高く広い室内空間が魅力。側面がメッシュになっており、虫を遮断してくれるのもうれしい。ただし収納サイズも大きく、設営も手間。

シェルタータイプ

構造はワンポールテントと同じ。幕が地面にまで及んでいるので、横からの雨や風から守ってくれる。ただし、真夏の好天時は暑すぎて中にはいられない。秋冬におすすめのタイプ。

あると便利

ペグハンマー

ヘキサタープでは、張り綱（細いロープ）を使ってポールを立てる（P48）。張り綱を地面に固定するペグを打つには、ハンマーがあるとよい。ペグを引き抜く撤収の際も、ハンマーを使えば手で抜くよりも非常に抜きやすくなる。

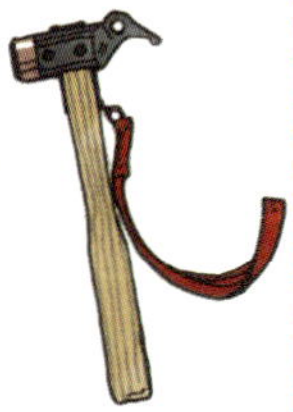

テーブル・チェア

アウトドアリビングの中心的存在

食事の時間、くつろぎの時間……人が集まる場所として空間の中心部となるのがテーブルまわりだ。キャンプ用には折りたたみタイプを。構造はシンプルなモノののほうが使いやすい。大きなスペースを占めるので、気に入ったものを選びたい。チェアには、深く腰掛けられ、ゆったりとくつろげるタイプも多くあるが、このタイプだと食事はしにくく、どれを選ぶかは悩ましいところ。テーブル&チェアの組み合わせには、テーブル型のハイスタイル（右図）、ちゃぶ台型のロースタイル（下図）があるので、どんな過ごし方をするかに合わせて好みのタイプを選ぼう。

ハイスタイル

ロースタイル

ベンチ

ゲスト用に、モノの置き場に便利

各自用のチェアのほかに、ワンアクションで展開できる折りたたみの軽量ベンチがあると、さっと移動させて焚火を囲んだり、荷物を置いたり、ゲストを招いたり、なにかと重宝する。ロースタイルとの相性も抜群。

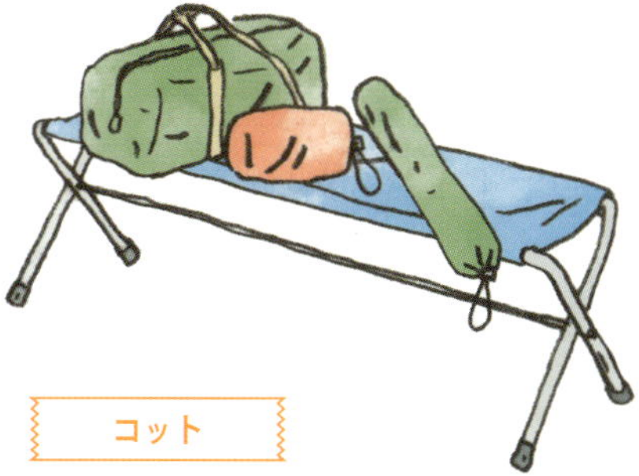

コット

ラグジュアリーな野外用ベッド

ベンチによく似ているが、サイズが大きいコットは、折りたたみ式の野外用ベッド。大型テントなら、中に入れてベッドとして使うのもよし、テントサイトに置いてベンチ代わりに座るのもよし。気候のよい季節なら、タープの下にコットを置いて眠るなんていうのも気持ちいい。

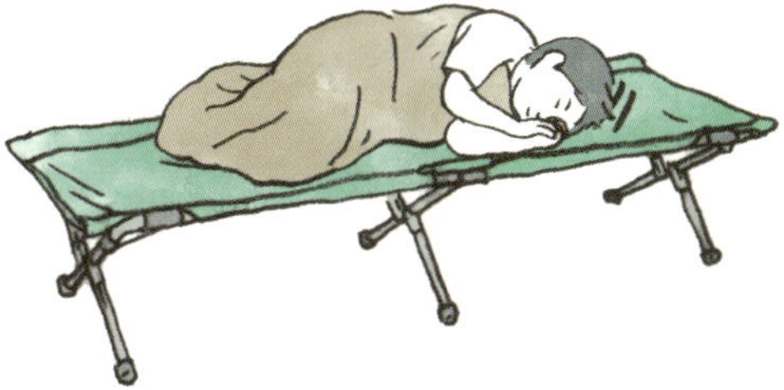

STEP! IDEA!

STEP CAMP KIT

STEP CAMPによって厳選されたキャンプセット。“シンプル”なキャンプで活躍する道具たちは、緊急時にも役立つパートナーだ。

これに加えてテントとシュラフがあれば、すぐにデイキャンプがはじめられるグッズを詰め込んだ「STEP CAMP KIT※」。いますぐキャンプをはじめたいという人にはありがたいセットだ。バーナーやクッカーはもちろん、小さな焚火台や折りたたみのシンク、ナイフにヘッドライト、緊急時用のホイッスルまで入っているので、災害時の避難グッズとしても、しっかり役に立つ。一家に1セット、備えておきたい。

9種類の道具のほか、水を汲んだり溜めておいたりするのに便利な折りたたみバケツや携帯トイレなど、エマージェンシーグッズもあると備えとしては完ぺき。

※このキットはSTEP CAMPが独自でセレクトしたものです。現物と多少異なることがあります。また、キットの内容は変更する場合があります。

詳しくはWILD-1オンラインショップへ。
http://webshop.wild1.co.jp/index.php
問い合わせ先：w1webshop@wild1.co.jp

頼もしきキャンプ道具9選

①マット
就寝用のマットは折りたためる発泡マットが手軽で便利。座布団としても使えるし地面からの冷気対策に役立つ。Zライトソル（サーマレスト）×2

②クッカー
3合用のライスクッカーと1.1ℓのアルミクッカー、鉄板フライパンのセット。ごはんにおかず、スープ、と充実のレシピがつくれる。ごはんクッカープラス（ユニフレーム）

③バーナー（CD缶×3）
コンパクトに収納できるシングルバーナーは、カセットガスが使用できるタイプ。五徳が大きく低いので、安定感がある。レギュレーターストーブ ST-310（SOTO）

④焚火台
小枝などを燃やすのにぴったりの焚火台。風を取り込む煙突形状で、上手に燃やせる。ネイチャーストーブ（ユニフレーム）

⑤シンク
水場でシンクに使うほか、水の溜めおきなどにも。手のひらサイズに折りたたみ収納できる。キッチンシンク（シートゥサミット）

⑥ 水ボトル
500mℓの水ボトルは、目盛りつきなので調理にも便利に使えて、お湯を入れれば湯たんぽにもなる。ナルゲン広口0.5タイプ（ハイマウント）

⑦ナイフ
大小のナイフ、はさみ、缶切り、栓抜き、コルク抜き、マイナスドライバー、穴あけなど便利なツールが1本に。アウトドアの必需品。トラベラー（ビクトリノックス）

⑧ホイッスル
遠くの人に知らせたり、災害時に自分の居場所を伝えるのに役立つホイッスル。サバイバル用として定評のある FOX40 マイクロホイッスル（エイアンドエフ）×2

⑨ヘッドライト
キャンプ、夜間には欠かせないヘッドライト。軽量コンパクトなのに明るさは十分。頭に装着するので両手が使える。予備の電池も合わせて持つようにしよう。ギズモ（ブラックダイヤモンド）

このほか必要なもの…
マットは2枚、バーナーはシングルというシンプルなセットなので、ヘッドライト、水ボトルなどは人数分を追加。ホイッスルも各自が持っているといざというときに安心だ。また食器やカトラリーは含まれていないので必要に応じて用意すること。それぞれで持つもの、1つあれば全員で共有できるものは、そのときどき、キャンプのスタイルによっても違うが、慣れないうちは見極めが難しいこともある。使ってみながら調整していくのがいいだろう。

1

2

3

4

5

6

7

8

9

荷物の積み込みはパズルだ

何事もコンパクトな時代だからこそ、工夫とアイディアが欠かせない。限られた荷室を最大限に活用する積載術を紹介しよう。

シンプルなキャンプなら
小さな車でも積載可能。

積載のコツ

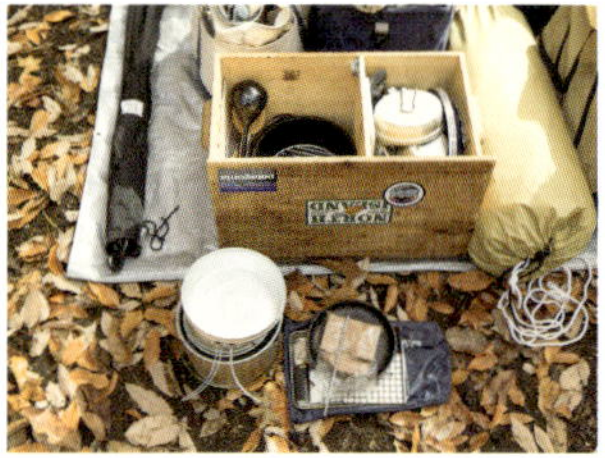

ジャンルを整理してボックス収納

キッチンツールやコーヒーセットなど、自分なりの道具のジャンルを決めたら、それぞれにまとめておくと使いやすい。忘れ物も少なくなるはずだ。

音が鳴るものや割れものはホールド

運転中に荷室からカチャカチャ音がするのは気になるもの。ランタンなど音が鳴ったり衝撃に弱いものは、間に布などを挟んでしっかりと固定する。

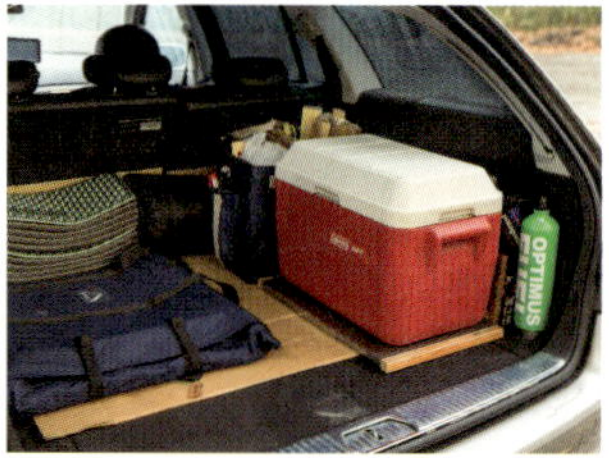

クーラーボックスは手前に置く

買い出し後にすぐに食材や飲料をしまえるように、クーラーボックスは取り出しやすい位置に置くこと。すべりやすいテーブルの上に置けばより使いやすい。

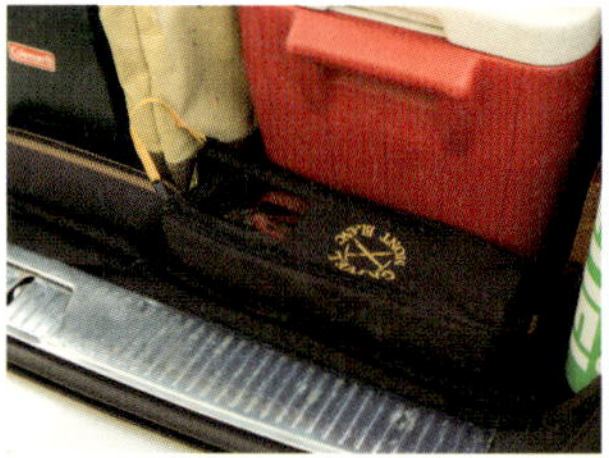

ペグは取り出しやすい位置に

設営をするために使用するペグやハンマーも手前に置いておく。現地に着いてすぐ使うものほど手前に置いて、シュラフやマットなどは奥に収納しよう。

バックミラーの視界を確保

荷室いっぱいに荷物を積んでしまうと、運転中の後方視界が狭くなってしまう。ある程度積んだら運転席に座り視界を確認することを忘れずに。

段ボールで汚れを防ぐ

荷室に荷物を直接置くと、雨天時などに車自体を汚してしまう。あらかじめレジャーシートや段ボールなどを敷いておくと、車内の掃除も楽ちんだ。

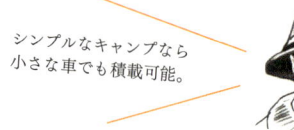

車種別の積み込み例

ステーションワゴン

ミニバンに比べ高さがないので、天板やたたんだチェアなどは立てるなどして省スペースを図る。座席側に不安定なものを積み、それを押えるように手前にクーラーボックスなどを並べると崩れにくい。

ミニバン

キャンプといえば大きめのクルマ、というイメージがあるが、後方に荷室のあるミニバンなら、小さいクルマでも荷物は十分詰める。荷物を厳選してコンパクトにまとめれば軽自動車でもキャンプは可能だ。

ワンボックスカー

荷室の高さを生かして２段にし、上段に安定する角形のものを積む。2段にするための台はぴったりサイズに自作するのが手っ取り早く、テントサイトでサブテーブルなどに使えると、なおよい。

気候やキャンプ地を考慮した
ウェアの選び方

服装も大事なキャンプ道具のひとつ。オールシーズン楽しめるキャンプでは、行く場所・季節に応じた服装の準備も大切である。

【夏季の服装】

肌の露出は極力避けたい

　避暑地ともいえるキャンプ場でも、日射しや気温は厳しいのが昨今の日本の夏。半袖短パンと開放的に過ごしたいところだが、常に屋外にいるキャンプでは、日焼けや虫さされなど肌を露出していると受けるダメージも多くなる。涼感素材など機能性の高い服装を選択肢に入れておこう。

▶半袖短パンで過ごす場合

よほど暑い日ならば、いさぎよくTシャツ＋短パンで過ごしてもいいだろう。ただし、調理や焚火をするときはくれぐれもヤケドに注意すること。

冷却タオル

日射しが強く暑いときには濡らしたタオルや手ぬぐいで首元を冷やすといい。専用の冷却タオルがあればなおよし。こまめな水分補給も心がけること。

夜はアウター

高原のキャンプ場など標高の高い場所だと、真夏でも夜は気温が下がるので、フリースなど暖かいアウターを1枚、用意しておこう。

サンダル

キャンプ場の地面は石や木の根があったり、荷物を持って斜面を歩くこともある。足にフィットする形で、指がむき出しにならないタイプが向く。

【冬季の服装】

目指すは万全の防寒対策

冬のキャンプ地は想像以上に寒いもの。ふだんより5～10°気温が低いものなので、できる限りの防寒対策が必要だ。インナーは機能性の高いもの、アウターにはフリースやダウンなど、重ね着しやすいものを気温に応じて身につけよう。帽子やグローブなど小物類も活用したい。化繊素材のアウターやダウンジャケットは火の粉に弱いので、焚火を囲むときは厚手のコットンジャケットがおすすめ。

▶軍手の落とし穴

野外活動の必需品と思われがちな軍手。しかし軍手は繊維の隙間も荒いので細い木の枝も刺さるし、熱湯がかかってもすぐに浸水して大ヤケドになる。焚火では軍手自体が燃えたりと、グローブに比べて危険なことが多いのだ。

ニット帽

冬の定番ニットキャップは、耳を覆うことができるタイプがおすすめだ。防風性の高い目の詰まったタイプが暖かい。

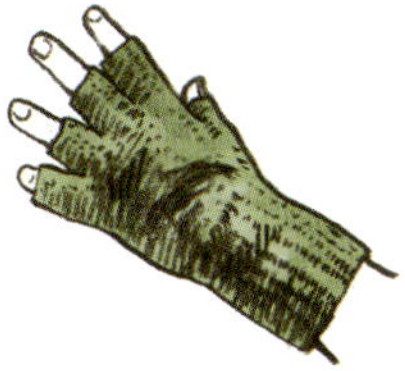

グローブ

寒さ対策のコツは末端の防寒。グローブで手首まで覆いつつ、作業がしやすいよう指先が出ていると便利だ。

マフラーやネックウォーマー

寒いとき、首元を温めるのはかなり有効。アウトドア用には首元まで覆えるウエアも多いので、そちらを着用してもいい。

ブーツ

特に女性は足下が冷えるので、防寒ブーツがあると心強い。足用の使い捨てカイロを使うのもいいだろう。霜の降りた朝や、雨天時にも有効。

アウトドアでの服装術

**空調の利いた室内と違って、野外は気温の変化が激しい。
アウトドアウェアの機能を上手に組み合わせて、快適に過ごすための工夫をしてみよう。**

【レイヤードの基本】

暑さ・寒さは重ね着で調節

　寒いと思ったけど動いたら汗をかいた、日中は暑いが日が暮れると冷え込むなど、一日のうちでの温度差に対応するためにも、野外でのウェアリングは、レイヤード（重ね着）が基本。暑くなったら脱ぐ、寒くなったら着るを心がけることで、冷えによる体調不良や暑さによる熱中症を避けることができる。夏はベースレイヤー1枚に薄手のアウターを用意。冬はフリースやダウンなど保温性のあるものを着て、さらに防風性のあるアウターで暖かさを逃さない重ね着をするとよい。

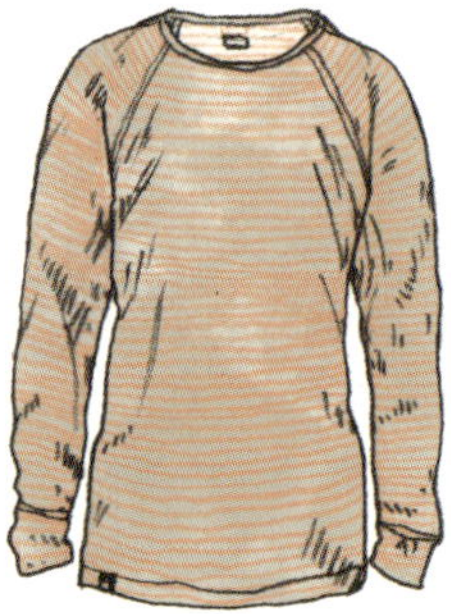

ベースレイヤー

**速乾性の高い素材と
肌触りのよいものを**

夏の場合、いちばん下に着るベースレイヤーは、TシャツでOKだが、アウトドア用の化繊タイプのほうが汗の乾きがよい。冬は保湿力の高い機能性ウェア（吸湿発熱ウェア）もよいが、薄手のウールの長袖Tシャツが暖かく、汗冷えもじにくいのでおすすめだ。汗をかくが気温は低いという場所では、汗冷えしやすいコットン製は向かない。

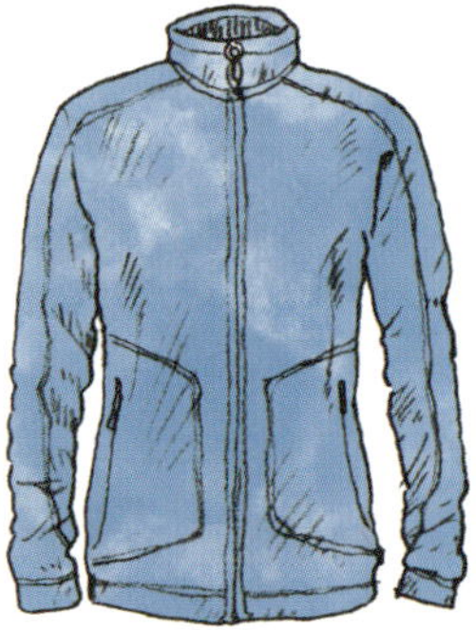

ミッドレイヤー

**冬には空気を溜め込む
ダウンやフリースを**

ミッドレイヤーの役割は、保温。特に冬には体温で暖まった空気を溜められるダウンやフリースなどフワフワしたものを選ぶといい。これらの素材は防風性がないので、ここにアウターを重ねることで、体を暖かく保つのがレイヤードの考え方だ。春、秋は、ベースレイヤーに保温着としてミッドレイヤーを一枚羽織るだけでもいい。

アウター

**風や雨を避ける機能が
あるものがベター**

重ね着のいちばん上に着るアウターは、夏なら薄手のウインドシェルやフリース、冬は体温を奪われないよう防風性の高いフリースや、ダウンジャケットなどがおすすめ。寒いからといって、あまり厚手のモノを着ると「着ると暑いが脱ぐと寒い」となってしまうので、薄手のものを何枚も重ねるイメージで、アウターも厚すぎないものを選ぶ。

機能性ウェアを活用しよう

レインウェア

アウトドアへ出かけるなら必ず持参すること

雨が降ったからといって、一日中テントの中で過ごすのでは、せっかくの休日が台無しだ。レインウェアがあれば撤収時にも役立つし、野外活動もできる。いわゆるビニールがっぱは、着ているうちに内部が蒸れやすいので、雨の日でも活動的に動く人は防水透湿素材のタイプを選ぼう。素材を問わずレインウェアには、防風性もあるのでアウターとしても使える。

▶防水透湿性って？

防水性の高い素材は水を通さないぶん、ウェアとして着用していると蒸れて不快に。そこでアウトドア用のレインウェアなどで採用されているのが防水透湿素材。外からの水は防ぎ、内部の湿気を放出してくれる。

ウインドシェル

夏のアウターに向く薄手の防風ウェア

名前の通り防風性に特化したアウター。極薄手で軽量のものが多くあるので、一枚用意しておくと、夏、ちょっと肌寒いときや風が出てきたときに、さっと羽織ることができ便利だ。防水性はないものがほとんどだが、小雨程度なら耐えられる撥水性を備えたものもある。

火を扱うことの多いキャンプでは袖口が燃えたり、火の粉で穴が空くことがあるので注意！

ダウンジャケット

冬の必需品。薄手のものなら夏でも使える

冬のあったかウェアといえば、やっぱりダウンジャケット。ダウンが暖かい空気を内部に溜めてくれるのが暖かさの秘密だ。外側に防風性のないタイプでは、冷たい風に吹かれるとせっかくの暖かい空気が失われてしまうので、アウターと重ね着するといい。水に濡れると保温性が失われるので、急な雨などには注意！

あると便利

テントサイトでは、作業エプロンが便利

頑丈な素材でポケットのある作業用エプロンを着用しておくと、汚れの防止にもなるし、すぐ使う小物類をいつもポケットに入れておくことができる。園芸用や大工仕事用などに、さまざまなデザインがあるのも楽しい。

キャンプ時のファーストエイド

キャンプ中に起こりやすいケガや病気も、
予防法や応急処置の方法を知っておけば、慌てず対処できる。
救急セットの持参もお忘れなく！

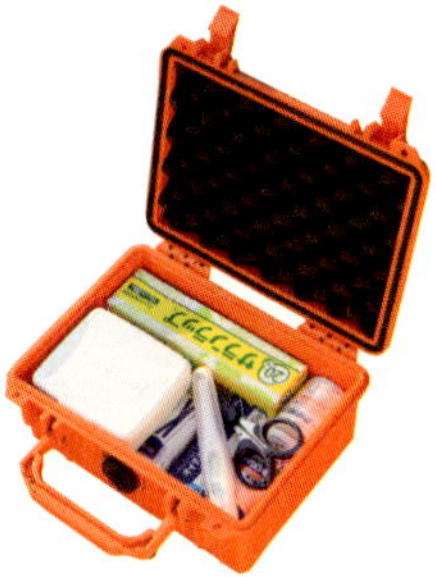

▶応急セット
自宅の救急箱をそのまま持ち込んでもいいが、必要そうなものを厳選してキャンプ用のキットにしてもいい。箱で持ち込むとかさばる薬は、ピルケースに小分けにしておこう。保険証（またはコピー）も忘れずに。

熱中症 死に至るおそれもある、危険な症状

熱中症は、熱けいれん、熱疲労、熱射病の総称で、近年は多くの死者も出ている危険な症状。高温多湿時に起こりやすく、梅雨時以降の暑い日には十分な注意が必要だ。ふだんはエアコン漬け、休日にいきなり猛暑のキャンプ場へ、とならないよう、ふだんから暑さに慣れておくことが予防になる。症状が出て意識が低下すると自分では気づけないこともあるので、お互いが注意することも大切だ。

常備薬は忘れずに！

【症状】

・**熱疲労**…頭痛、めまい、冷や汗、手足の冷え、弱くて速い脈など。

・**熱けいれん**…発汗、吐き気、めまい、口の渇き、手足、腹部のけいれんなど。

・**熱射病**…荒い呼吸、体のほてり、発汗が止まる、皮膚の乾燥・紅潮など。

【予防】

ゆったりとした涼しい服装を心がけ、直射日光を避けるために帽子も着用する。
こまめに水分補給をする。あわせて塩分も補給するとよい。
少しでも気分が悪いと思ったら、すぐに涼しい場所に移動する。

【処置】

・**熱疲労、熱けいれんの場合**…日陰に移動し仰向けに寝かせる。汗ばんだ体を拭い着替えさせる。体は冷やさず、両足を高くする。スポーツ飲料を飲ませる。

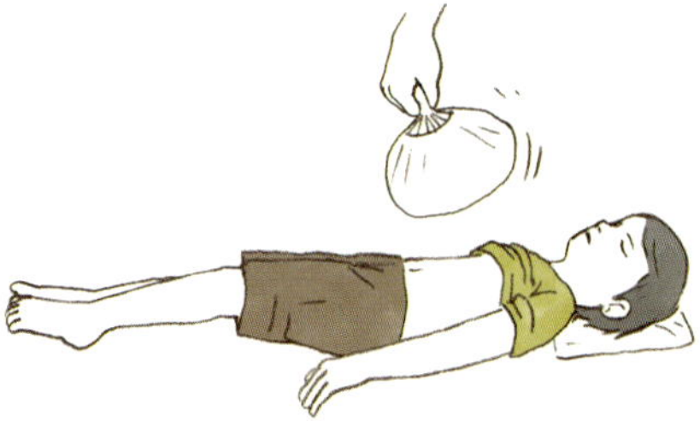

・**熱射病の場合**…日陰に移動し、衣服をゆるめる。体がほてっている場合は風を送る、意識があればスポーツ飲料を飲ませる。自分で飲めない、意識が混濁している場合は、すぐに救急要請を。

虫さされ

危険な虫には出会わない工夫もしたい

むやみに虫を恐れる必要はないが、スズメバチなど危険な虫は、なるべく避けたい。スズメバチの場合、危険なのは10月ごろ。執拗に攻撃を繰り返してくるので、巣を見つけたら近づかないこと。遭遇したら大げさに騒がず、静かに姿勢を低くして遠ざかる。黒いものを攻撃するので黒い衣服は避ける。テントサイトでも蚊やブヨなど虫の多い場所では、肌の露出を避けること。虫除けスプレーやキャンドルなども積極的に利用したい。ハチやブヨに刺されたら、ミツバチなら針を爪で取り除く。水を流しながら毒を絞り出すように洗ってから、ステロイド軟膏、抗ヒスタミン剤を塗る。スズメバチにさされたら即病院へ！

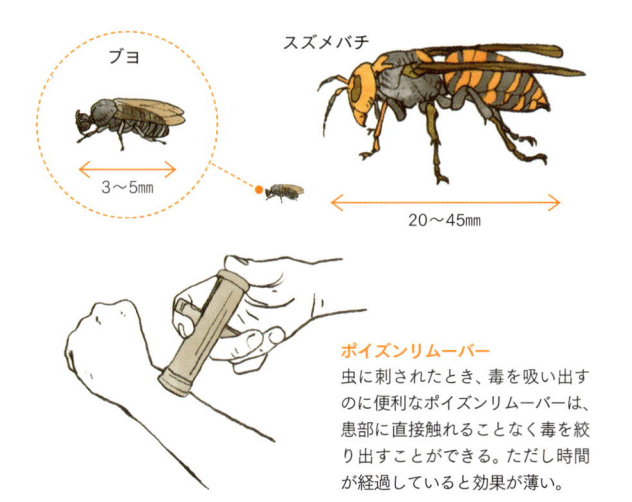

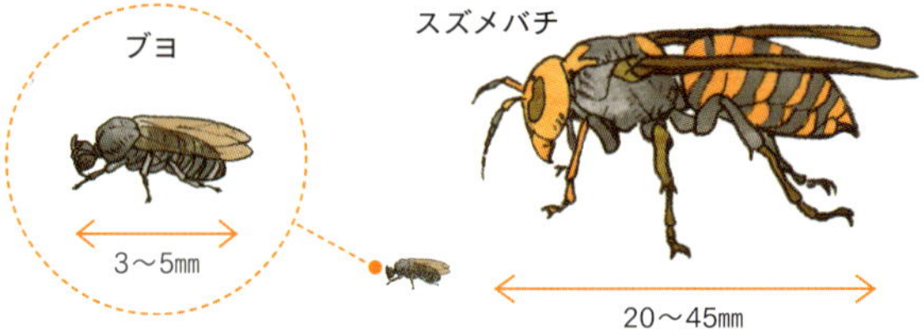

ブヨ
3～5㎜
スズメバチ
20～45㎜

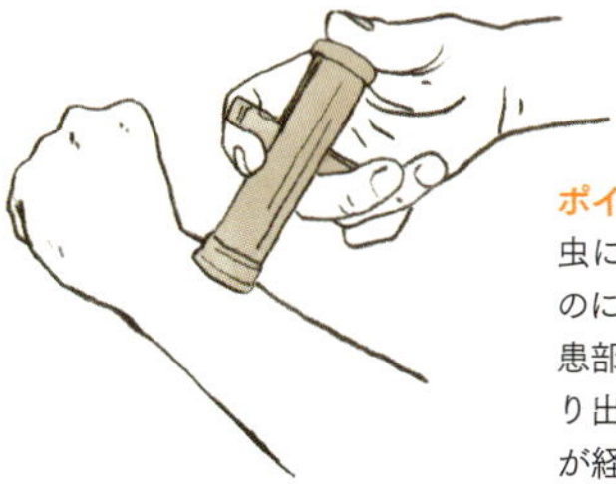

ポイズンリムーバー

虫に刺されたとき、毒を吸い出すのに便利なポイズンリムーバーは、患部に直接触れることなく毒を絞り出すことができる。ただし時間が経過していると効果が薄い。

ヤケド

軽ければ冷やすだけでOK

火を扱うことの多いキャンプ。火や火器を扱うときは、グローブをするなど十分な注意を。ヤケドをしてしまったらすぐに冷水で冷やす。衣服の上からヤケドをした場合は、衣服を着たまま冷やす。水ぶくれができるほどのヤケド、またはそれ以上の場合、破かないように気をつけて医療機関を受診する。

【処置】

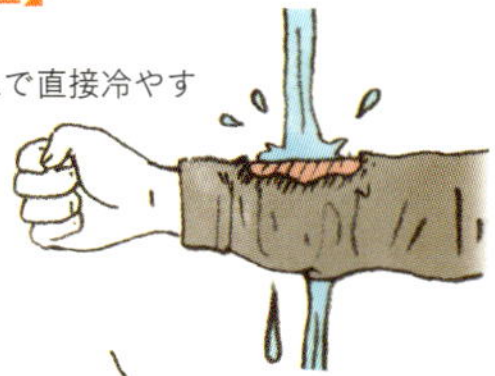

水で直接冷やす

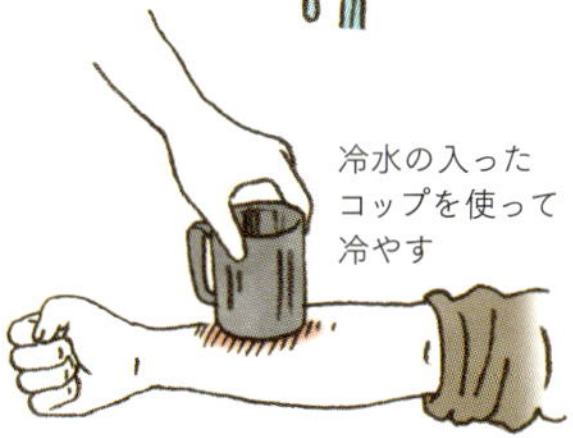

冷水の入ったコップを使って冷やす

切り傷 すり傷

水できれいに傷口を洗う

野外での傷は小さくても、土中の細菌などで感染を起こしやすい。まずは傷口を内部まで流水できれいに洗うこと。出血がある場合は、傷口にガーゼなどを当てて強く押えて止血する。出血箇所を心臓より高く上げて安静に。きちんと洗ったら、湿潤療法の被覆材（キズパワーパッドなど）や食品用ラップなどで傷口を覆う。大出血の場合は病院へ！

【処置】

傷口を圧迫して止血する

傷口の処置方法

COLUMN 1

キャンプでは忘れ物だって遊びのひとつ

　どんなにしっかりと事前の準備をしたとしても、何かしら忘れ物をしてしまう。こんなことはキャンプではよくあること。そんなときにアタフタしたり、険悪な雰囲気になってしまってはもったいない。忘れ物があっても陽気に構えていられる余裕が欲しいところだ。致命的な忘れ物は管理棟などで購入ないしレンタルできるか確認しよう。調味料などの消耗品なら、近くのキャンパーに相談してもいいかもしれない。代わりに料理をお裾分けすれば、思いがけない交流のきっかけになることもあるだろう。

　また、その場にあるもので代用するアイディアをひねり出すのも面白い。ランタンポールや鍋を吊るすトライポッドを忘れたとしても、ロープと木があればつくれてしまう。その場にあるもので対応できたときは、なんとも気分がいい。市販の道具を使いこなす以上の快感と達成感が得られるはずだ。キャンプでの忘れ物は、快感を得る絶好の機会、遊びのひとつだと思って、楽しんで対処しよう。

コーヒーを淹れようと思ったらフィルターとドリッパーを忘れた！ そんなときに編み出したのが、ペットボトルを半分に切ってドリッパーにし、キッチンペーパーを簡易のフィルターにするアイディア。専用のものほど便利ではないが、代用アイテムでコーヒーが飲めたときは格別な味わいになるものだ。

PART 2

住空間をつくろう

キャンプ場に着いたら、
まずはテントやタープなどを展開し、住空間をつくろう。
持ち込んだ道具をやみくもに展開するのはNG。
効率のよい設営手順を理解したうえで、
快適で機能的な住空間を設営しよう。
雨や風などの天気、暑さや寒さといった
気温差への対応法も解説する。

フリーサイトのススメ

キャンプ場にあるテントサイトは、大きく分けて2種類。テントやタープを自由に展開できるフリーサイトと、限られたスペースを割り当てられる区画サイトがある。ここでは、フリーサイトをおすすめする理由と、快適なサイトの選び方を紹介する。

おすすめは断然フリーサイト

「サイト」とは、テントやタープを張って食事や宿泊をする、キャンプにおける拠点のこと。与えられるスペースや料金はキャンプ場によってさまざまだ。区画サイトとは、建売住宅のように区画が区切られていて、スペースが限られている。しばしば狭く感じることもあるが、混雑期には予約をしておけば、確実にスペースが確保される。

一方フリーサイトは、広大なスペースに各々が自由にサイトをつくることができる。早い者勝ちなので、到着時間によっては自由なスペースがあるとは限らない。とはいえ、本書では断然フリーサイトをおすすめしたい。キャンプに来ているのだから、制限のない自由な空間を楽しんでほしいからだ。場所の予約ができない不安はあるが、混雑期を避けたり、早朝に出発したりすれば解決できる。

早い者勝ちがサイト選びの鉄則！

快適に過ごすためのサイト選びの基準

拠り所となる木のある場所を選ぶ

日射しや風から守ってくれたり、枝にランタンを吊るせたりと、木の下でサイトをつくると何かと便利。特に夏場はタープを張っても暑いので、木陰があるとずいぶん涼しく感じられる。ただし、木の下は雨風でしずくなどの音がうるさく、鳥のフンでテントが汚れるなどデメリットも。

施設に近すぎる場所は避けたい

トイレや炊事場が近いと便利ではあるが、共有スペースなので皆が集まる場所でもある。自分たちのサイト付近を多くの利用者が行き来するので、のんびり過ごそうにもどこか落ち着かなくなる。利用者の動線から外れた、遠すぎず近すぎないほどよい距離を保てる場所を選びたい。

基本は早い者勝ち

フリーサイトは基本的に早い者勝ち。快適な場所ほど先に埋まってしまうため、キャンプ場のチェックイン時間を確認し、なるべく早い時間帯に到着するようにしたい。当日割り振られる区画サイトでも、早く着くほど選択肢が広がる。

雨が溜まりそうな場所は避ける

晴れているときには気にならなくても、選んだ場所によっては雨が降ったときに水たまりができてしまうこともある。フリーサイト全体を見渡して低地になっていないか、水の通り道などがないかを確認し、そうした場所は避けるようにしよう。

立ってみて気持ちのいい場所を選ぶ

いろいろな基準はあるが、最も大事にしてほしいポイント。立ってみて、座ってみて、寝そべってみて、そこからの眺めはどうか、陽の入り方や風の抜け方はどうかを実際に確かめてほしい。目や耳、肌で感じる気持ちのいい場所を選ぼう。

地面が凸凹している場所は避ける

石がゴロゴロと転がっている場所では、設営もしづらく、子どもが転んだりしてしまう。また、傾斜のある場所ではテーブルやチェアなども斜めになるし、寝心地もよくない。なるべく平坦な場所を選ぼう。特に河原のフリーサイトでは、石が少なく平坦な場所は少ないので、早めにチェックインしたい。

絶対に避けたい場所とは

キャンプ場内であれば概ね危険な場所はないと思われるが、テントサイトとするには適さない場所をいくつか紹介しておく。たとえば川辺や川の中州。サイトを展開したときはよくても、天候次第では上流が増水して大変危険な場所となる。また、がけ崩れになるような場所も危険。ゲリラ豪雨ともなれば一瞬にして事態は急変するため、あらかじめ危険な場所は避けるように。

周囲と協調するための
マナーとコミュニケーション

区画サイトでは隣のサイトとの境界線が明確なため、トラブルや干渉は少ないかもしれない。しかし、フリーサイトの場合は、周囲の人々との境界が一定ではないので、思わぬトラブルが起こるかもしれない。時には隣のペグとロープが邪魔になったり、音楽やペットが気になることもあるだろう。逆に、思わぬことで隣人に不快な思いをさせていることがあるかもしれない。キャンプでは誰しもが自由を楽しみに来ている。お互いが気持ちよく過ごすために、最低限のマナーはもちろん、双方が不快にならない範囲でコミュニケーションをとっていこう。仲間とだけではなく、周囲との協調を心がけるのもキャンプである。

テントサイトのレイアウト考

テントサイトを展開する場所が決まったら、次に考えるべきは道具をどのように配置するかだ。住宅のレイアウトのように、サイト内で人が暮らすことを考え、人が物にアクセスする経路「動線」を意識するのがポイント。

テントとタープは連結できる距離に

テントの出入り口をタープに向けておけば、リビングスペースから寝室であるテントへの行き来がしやすくなる。テントの前室部分は荷物を置いておくスペースとしても使える。また、テントの前室部分がタープと重なるように配置しておくと、屋根が延長され、急な雨でも濡れることなくテント内に出入りすることができる。

車は積み下ろしのしやすい配置を心がける

荷物は、車からすべてを下ろす必要はない。使用頻度が低いものは車に積み込んだままにすることもあるだろう。そんなときは、後方のトランクや、ラゲッジスペースがサイトの中心に向いていると、道具が必要になったときにアクセスしやすい。これは撤収時も同様。収納状態にした荷物をスムーズに積み込むことができる。

タープ下は“リビング”である

タープの下がテントサイトのリビングであり、生活の中心となる。一番長い時間留まる場所にもなるので、くつろげるスペースにすることが重要だ。全体のレイアウトは、タープを中心に考えて、車やキッチン、テントを配置しよう。

火を扱うキッチンは少し離れて配置

キッチンテーブルを持ち込む場合は、立って調理することになるため、リビングスペースに近すぎると作業がしにくい。住宅と同じように、調理する場所と食べる場所とは距離があったほうがよい。また、焚火や炭火で調理をする場合、タープ内に煙が入ったり、火の粉でタープの幕体部分に穴を空けてしまうこともある。リビングスペースより風下に配置するよう心がけよう。

テントサイトのレイアウト例

テントとタープが連結しており、その対角線上にキッチンが置かれている。炎を扱う焚火台は、煙や火の粉を考慮して、やや離れた位置に置いている。この場合、車はタープポールを挟んだテントの反対側に配置すると動線がスムーズ。

▶車の場所は最後に確定

テントやタープと違って、車は設営後でも動かせる。すべての位置が確定した段階で、使い勝手のいい位置に車を移動させよう。

機能的なキッチンのレイアウト

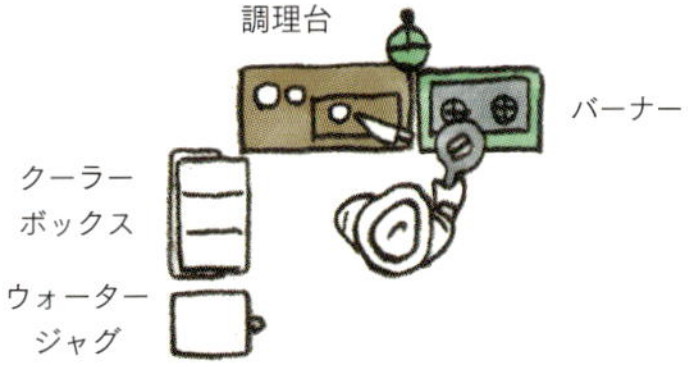

キッチンの配置も、人の動きを考慮したい。調理をする際の人の動きとは、①食材を取り出して洗う、②食材を切る、③火にかける、だろう。クーラーボックスとウォータージャグを近くに置き、順にまな板を置く調理台、バーナーと配置しよう。

▶ゴミ袋の位置も考えておく

調理台近くにゴミ箱なりゴミ袋があれば、作業もより効率的になる。キャンプ場のルールに合わせて分別方法も考える。

テント内は川の字に

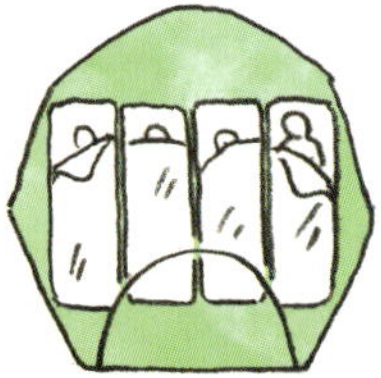

夜中にトイレで目を覚ましたとき、顔の近くでゴソゴソするのは寝ているほうにとっては煩わしい。テント内では出入り口側に足を向けて川の字で寝るといいだろう。また、携帯電話やヘッドライトなどは決まった場所に置いておくと失わない。

▶ジッパーの位置もルール化

出入り口のジッパーの位置も、「常に上で締める」など、メンバー内でルールをつくっておくと、わざわざライトをつけなくても手探りで開けやすい。

テントサイトをつくろう

やみくもに道具を置くだけでは、作業の邪魔になったり、配置のしなおしになったりすることも。ここでは無駄なく効率的に作業を行うための手順を紹介しよう。

1 整地する

テントサイトには石や枝などが落ちている。まずは余計なものを排除しておこう。特にテントを張る場所では入念に。ちょっとした石でも寝心地は悪くなる。

▶子どもにとっては設営も遊び

簡単な荷物運びや、水くみ、薪拾いなど、サイトの設営は、子どもたちにも手伝ってもらおう。

2 タープとテントを張る

まずはタープを張る。タープは実際の幕体の大きさ以上にロープとペグが外側に張り出すことになる。自分のタープのスペース感をつかんでおこう。次にテントだ。

▶テントは移動が可能

自立式テントはペグで固定する前なら移動が可能。最適な場所を見つけてから完成させよう。

3 テント内に入れる道具を持ち込む

シュラフやマット、着替えなどテント内で使用する道具を運び込んでおく。ダウン素材のシュラフは圧縮袋から出しておくと、羽毛が広がり自然に膨らむ。自動膨張するインフレータブルマット（P24）も同じく広げておこう。

4 リビングスペースをつくる

タープ下にテーブルやチェアを置き、くつろぐ空間をつくろう。これでリビングを中心としたサイトの基本配置が完了。テントやキッチンなどにアクセスしやすいか、動線を確認してみよう。動線上にロープなどがある場合は、足をひっかけて転ばないように目印をつけるなどしておく。

5 キッチンと焚火スペースを展開

風向きを確認し、タープの風下側にキッチンを展開。同じく焚火台を配置。キッチンに立ったとき、焚火台が視界に入るような場所に置くことで、焚火や炭火で料理をする際に、吹きこぼれなどを確認しやすい。

6 暗くなってから使う物を明るいうちに準備

ヘッドライトやランタンは明るいうちに使用テストを。故障していたりマントルが破けているなど、暗くなってから気づいていては手遅れになってしまう。燃料や電池残量のチェックも抜かりなく。

スムーズに設営するコツ

まずは展開するものをシートに並べよう

車に積み込んだ荷物は、実際に使用するものをセレクトしながら一度シートの上に並べてみる。道具を一覧することで以降の設営をスムーズに行える。忘れ物があっても落ち着いて、その道具がなくてもできることを考えよう。天候が悪いときはシートの半分に荷物を置き、もう半分をかぶせることで急な雨にも対応できる。

ロープには目印を

テントやタープなど、サイト内はロープが張り巡らされた状態になる。子どもはもちろん大人でも足を引っかけると、転んだりペグが抜けてタープを倒してしまうこともある。風船などわかりやすい目印をつけて、注意させよう。

テント設営（吊り下げ式）の基本と結露の防ぎ方

レジャーシートを敷く

テントのグランドシートの下にレジャーシートを敷くと、朝方の結露を防ぐことができる。テントの底のかわりに、シートが濡れるので、テントをすみやかに撤収できる。段ボールを挟めば断熱効果も。

インナーテントを吊り下げる

ポールを組んでグランドシートに固定したら、ドーム型の骨組みが完成。ポール部分にインナーテントを吊り下げる。まずは頂点から吊り下げ、中に空間をつくるように端までフックで固定していく。

フライシートを被せる

前室部分にスペースをつくるためのサブポールを固定したら、全体を覆うようにフライシートを被せる。フライシートをポール、グランドシートと固定し、テントの張りを調節する。

場所を決めて前室をつくる

テントを置く場所を確定させたら、ペグ（P50）で固定していく。付属のサブポールを使って、フラップと呼ばれる入口側の幕体を立ち上げて、テントの前室空間をつくる。

タープをシワなく美しく張る方法

皆の集まるリビングスペースをつくるタープは、
日射しをさえぎり、雨をしのいでくれる。まさにテントサイトの中心。
ここでは張るのにコツが必要なヘキサタープの張り方を解説。
タープをシワなく美しく、かつ効率的に張る方法をマスターしよう。

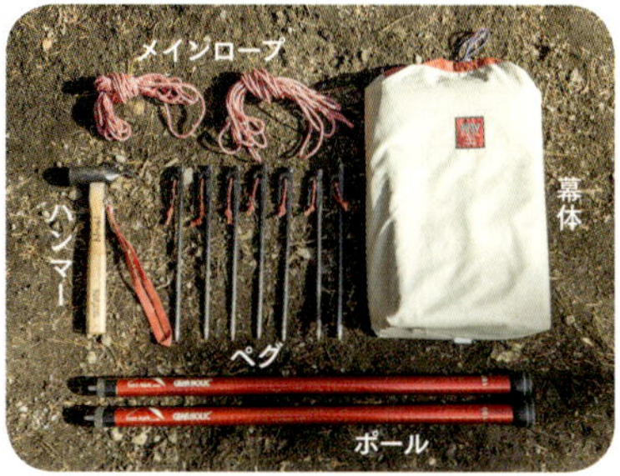

タープ設営に必要な基本セット
まずは必要な道具の確認。別々にしまっておくと忘れがちなロープやペグの本数も確認しておこう。

タープは太陽と風向きを考慮して張る

ヘキサタープは左右に広がった幕体部分が日射しを避ける役割をしてくれる。そのため、幕体の真上を太陽が通過するように配置したい。まずは太陽がどちらに沈んでいくかを確認しておこう。また、できれば太陽の動きに対して垂直に風が抜けるようにも配置したい。タープの幕体部分で強い風を受けてしまうと、ペグが抜けてポールが倒れてしまうこともあるからだ。ただし、強風時は向きにかかわらずタープをはやめに撤収しよう。

▶スペースを把握しよう
タープを張る際は、あらかじめ張りたい場所に幕体を広げるのがポイント。こうすることで、ロープも含めたスペース感覚を把握することができる。

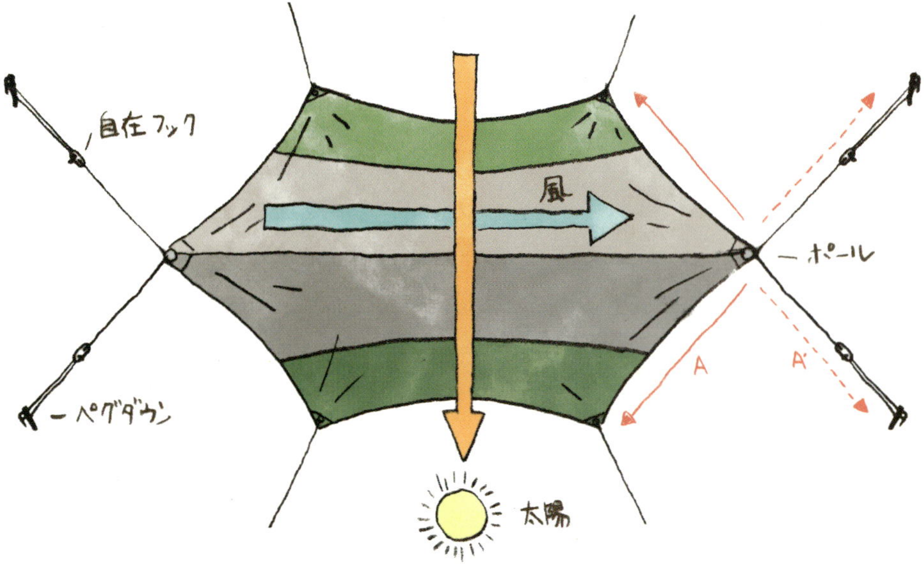

ポールを立てる前にペグを打つ

1

メインロープの中間に写真のような輪をつくっておこう。これをメインポールに引っ掛けて固定することになる。

2

タープを2つ折りにして、設営したい場所に広げる。これでどのくらいのスペースになるか確認できる。

3

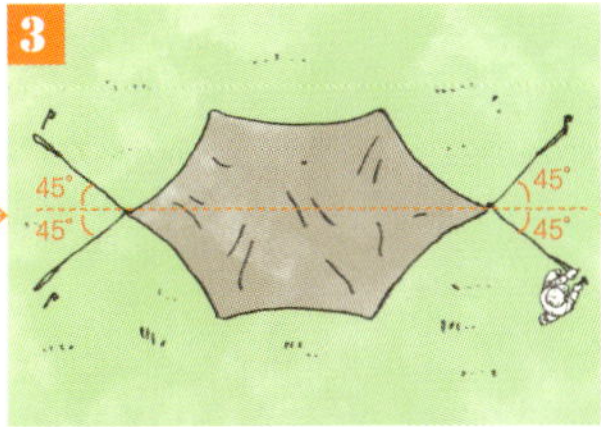

タープを広げ、メインロープを仮置きして、中心から45°の角度を目安にロープを置き、先にペグを打つ。

4

1でつくった輪とタープにポールを引っ掛けて、ロープの張力を利用してポールを立てる。

5

メインロープの自在フックを調整してタープをピンと張る。ロープの長さが足りない場合は、ペグの位置を調整。タープの端についているロープもペグで固定する。

6

ロープの張り具合を確認。左右の張り具合が同じくらいになっているのがバランスのいい状態だ。

FINISH

すべての張り具合を確認したら完成。たるみのないように各ロープの張り具合を均一にすればより強力で、美しく張ることができる。

ARRANGE

サブポールを追加することで、タープ内の居住空間を広げることができる。太陽の向きなどに合わせて調節しよう。

設営の肝 ペグダウン

ペグの種類と正しいペグの打ち方

テントサイト設営の基本、テントやタープをロープで地面に固定する「ペグ打ち(ペグダウン)」。ここでは地面状態に応じたペグの選び方、打ち方のコツを紹介しよう。

フィールドに合わせたペグを選ぶ

キャンプ場やテントサイトの場所、また前日の天候などによって地面の状態は変わってくる。ペグにはさまざまな種類があるので、タイプ別に揃えて使い分けるのが理想だ。

▶付属ペグの使い道

テントに付属されているプラスチックペグは、硬い地面には打ち込みにくく、硬いハンマーで叩くと割れてしまうこともある。一方で、柔らかい地面では抜けにくい性質が最適。付属品とはいえ、適性を考えて使うのがベスト。

プラスチックのペグは砂浜ではかなり有効

A

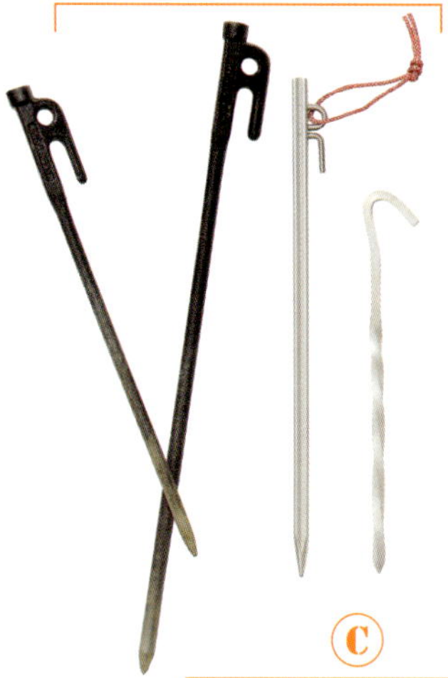

B

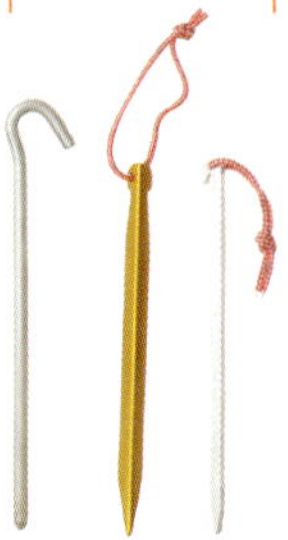

C

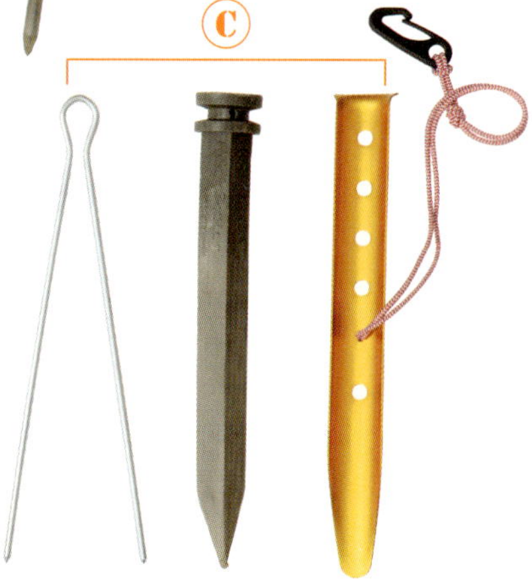

A 鉄・アルミ製ペグ

重量感もあり、長さもある硬い地面に適したペグ。専用のペグハンマーがあればさらに打ち込みやすい。砂地などの柔らかい地面では抜けにくくなるものの、どこでも使える万能タイプだ。写真右のねじりの入ったタイプはより強度が高い。

B 登山用ペグ

左からピンペグ、Vペグ、トライペグと、軽量かつコンパクトなタイプのペグ。主に登山用のテントを張る際に使用される。短い分強度が低いためタープのメインポールを支える場合などには不向き。

C 柔らかい地面向き

写真左のペグは、二股部分を強く握った状態で打ち込むことにより、広がる力を利用して強度を高めたエクスパンダーペグ。真ん中は設置面の多いプラスチック性のペグ。写真右は雪や砂地のためにつくられたペグで、ペグごと地中に埋める。

基本をおさえて、状況に応じて工夫する

テントやタープを設営するのに欠かせないペグは、簡単には抜けないように打ち込まなければならない。ロープがピンと張られた状態でペグが抜けると、ペグが飛んで顔などに当たる可能性もあり大変危険だ。ペグは地面に対して垂直で打つよりも、少し傾けて打つのが基本。垂直に打った場合、風などで引っ張られて抜けやすい角度に傾いてしまうことがある。また、地面の状況によってはペグが効かないこともある。その場の環境を利用して、臨機応変に対応しよう。

正しいペグの打ち方

強度を高める角度

ペグはロープに引っ張られるのと逆方向に60°ほど傾けて打つのがセオリー。これならロープが引っ張る方向に対して、ペグが抜ける方向が逆になる。とはいえ傾けすぎると打ちにくく、硬い地面の場合ペグが曲がってしまうことがある。

抜けやすい角度

ロープが引っ張る力に対して、ペグが同じ角度で入り込んでしまっている。これではペグが抜ける方向に引っ張られている状態になるので、強風が吹いたり足をひっかけたりしただけでも抜けてしまう可能性がある。

状況別ペグ打ちテクニック

地面がゆるい、風が強いとき

雨などで地面がぬかるみ、極端に柔らかいときもある。さらに硬い地面に適したペグしかない。そんなときはペグを2本クロスさせて強度アップ。1本をロープで固定して地中に埋めて、もう1本で固定してもいい。

地面が固い、ペグを忘れたとき①

地面が硬く、付属のペグでは打ち込めない。そんなときはテントサイトの近くにある木が役立つ（木の重要性は42ページ参照）。幹を保護するためにタオルや手ぬぐいを巻いて、ロープをくくりつけてしまおう。

地面が固い、ペグを忘れたとき②

都合のいい場所に木があるわけではない。そんなときは周辺から重量のある石を集めてこよう。重たい石ならロープを巻き込むことでペグ代わりになる。

▶強度は微妙

風の強い日の大きなタープを支えるペグとしては心許ない。強風時に十分なペグダウンができない場合は、タープはあきらめたほうが賢明。

雨の中でもキャンプを楽しむ方法

自然環境の中で行うキャンプは、当然ながらダイレクトに天気の影響を受ける。大切なのは、無理をせず、非常事態時は迅速に対応すること。しかし、悪天候下でのキャンプのノウハウを覚えておけば、ある程度の雨ならば楽しむこともできるだろう。

大敵は強風、雨はなんとかなる

キャンプの大敵は悪天候。多少の雨なら設営時の工夫でやり過ごすこともできる。たとえば、できるだけ雨に濡れないようにタープやテント、車のレイアウトをすれば、雨によるストレスを最小限にできる。また、雨が降り出したら、タープの立て方をアレンジして雨水がたまらないように準備することも重要。

しかし、川沿いのキャンプ場の場合は、雨には注意が必要だ。さらに現在地の雨だけではなく、上流での雨にも注意しなければならない。キャンプ場があるような川の上流では岩場が多く川幅が狭いので、短時間だとしても集中的な雨が降ると急激に水位があがり、下流もすぐに増水してしまう。天気予報のほか、キャンプ場や地域のアナウンスにも気を配り、警報や注意報などが出たらすみやかに避難すること。

▶強風には要注意

キャンプでは、強風には特に警戒が必要だ。多少の雨ならしのぐ術はあるが、強風に見舞われてしまうとテントやタープは風を受けて破損してしまうこともある。事前の天気予報チェックは必須。以下に、天気予報で確認できる風速とその状態をまとめてみた。いったいどのくらいの風速までなら安全にキャンプできるのだろうか。目安になるのは5m/sまで。風速5/msを越えるような場合は、タープは撤収したほうが安全。風速10m/s以上にもなると傘も壊れてしまうレベル。とてもキャンプができる状態ではない。

風速の目安

風速 3m/s	顔に風を感じる。木の葉が動き、風見も動き出す。
風速 5m/s	木の葉や細かい小枝がたえず動く。軽く旗がなびく。
風速 10m/s	葉のある木がゆれはじめ、池や沼の水面に波頭が立つ。

雨天キャンプの5つのポイント

1 雨が吹き込まないようにする

横から風で雨が吹き込まないように、雨天時はポールの長さを低めに調節してタープを低く張る。

2 雨水が溜まらないようにする

タープやテントの屋根には水が溜まりやすい。重みでペグが抜けることもあるので、水がたまらないよう工夫をしよう。

3 地面に水たまりができないようにする

タープ周辺では同じ場所に水が溜まりやすい。溝を掘って水の流れる道をつくったり、バケツなどに水が溜まるようにしよう。

4 日常使いの雨対策をキャンプにも

普段使っている雨具はキャンプでも大活躍。キャンプ場では特に地面がぬかるむので、長靴やレインブーツが重宝する。

5 撤収時はあきらめも肝心

濡れたテントやタープは苦労して収納袋に入れても、晴れた日に干さなければならない。ひとまずゴミ袋などに詰め込むのもアリ。

タープとテント、クルマをつなぐ

テントの前室や車のラゲッジをタープと重ねると、雨に濡れずに双方にアクセスできる。

タープのサブポールを外す

サブポールを広げておくと、横からの雨が入り込んでしまう。雨天時はメインポールだけにしておこう。

予備のロープで雨水の逃げ道を作る

タープに雨水が溜まらないように、予備のロープで雨水の逃げ道をつくるといい。

側溝を掘って排水

テントやタープの周辺に側溝を掘る。テント下やタープの足場への雨の侵入を防ぐことができる。

普段の雨具を活用

テントの前室に傘などを置いておくと、炊事場やトイレに行くときなどに便利。

バケツに水を溜める

タープからしたたる雨水によって水溜まりができてしまう。バケツなどで水を受け、定期的に捨てよう。

暑さ、寒さをしのぐアイディア

キャンプ場は気温差が激しいもの。夏ならば、暑さへの備えはもちろんだが、夜に冷え込むことを考えて、寒さにもしっかりと備えたい。

暑さへの備え

暑い夏こそ涼しい場所でキャンプを行いたいもの。おすすめは森の中に設けられた林間のテントサイト。生い茂る木によって強い日射しを避けられるので、これだけでも日なたよりも涼しく感じられるはず。木漏れ日のなかで微風を感じながら昼寝をする。これぞサマーキャンプの醍醐味だ。しかし、気温が高く、日射しも強い場所でキャンプをする場合は、熱中症には気をつけなければならない。現地の気候にあわせた服装を選び(P34)、タープをしっかり張って(P48)過ごそう。それに、自然環境を活かしたり、道具の使い方を工夫したりすれば、夏のキャンプだって涼しく過ごせてしまうのだ。

インナーテントだけで昼寝タイム

開放的なヘキサタープで、日射しを避けながら風を受ければ涼しく過ごせるが、やはり虫が気になる。そんなときはタープの下にインナーテントだけを置いて昼寝するのもアリ。

ハンモックで涼しく昼寝

夏を涼しく過ごすならハンモックがおすすめ。南米生まれのハンモックは、もともと暑さを避けるためのアイテムなのだ。網目状なので背中でも風を感じながら昼寝ができる。

point

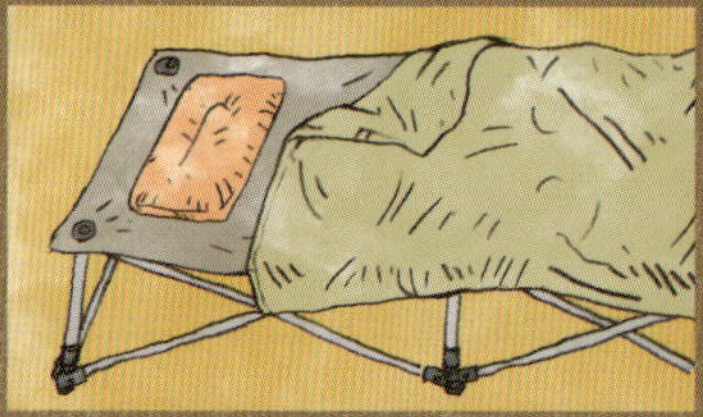

寝袋よりもブランケットで

夏場は寝袋では暑すぎることも。ブランケットやトラベルシーツなどでも快適に眠ることができる。トラベルシーツは虫を寄せつけない加工をしたものもある。また、コット(→P29)で寝れば、背中に風が通り、涼しさを感じられる。

クーラーボックス活用術

暑い日は、地面からもじわじわ熱が伝わってくるため、クーラーボックスは地面に直置きしないこと。ベンチなどに置いて、地面から離れて置くように。また、直射日光を避けるため、タープ下など日陰に置くこと。太陽の動きを考えて、常に日陰をキープしたい。

夏こそヤケドに注意

Tシャツ短パンと薄着になることで、肌の露出部分が多くなる夏のキャンプ。そこで意外と多いのが「ヤケド」だ。火を扱うときは暑くても肌の露出を控え、しっかりとグローブも着用するように。

寒さへの備え

夏のハイシーズンが終わり、人も少なくなってきた秋こそキャンプに適した季節。しかし、日中こそ快適な秋キャンプも、比較的標高の高いキャンプ場では夜になっての寒暖差はかなり激しいものがある。防寒対策で最も大切なルールは“寒いと感じる前に防寒すること”だ。一度体温が下がってしまうと、上げるまでには時間がかかる。体温を下げないように、冷え込む前に焚火をおこしたり、上着を一枚増やすなど対策をとろう（衣服のレイヤードについてはP36参照）。寒いと感じたらすぐに暖かい飲み物を用意して、体の中から体温を取り戻そう。

▶地面から冷気対策

侮ってはいけないのが地面からの冷え。特に寝るときは地面に体を横たわらせるため、冷気を全身で受けることになる。テントの下に断熱材代わりの段ボールを敷いたり、マットを複数重ねるなど、地面への対策はとれるだけとるように。

注意

寒いからといって、テントやスクリーンタープなど密閉空間で火を焚いたり、ランタンや簡易ストーブなどの燃焼器具を使うのは絶対にNG。転倒などで火事を引き起こすし、一酸化炭素中毒になってしまう。一酸化炭素は無味無臭で、症状も頭痛やめまいといったものであるため自分では気づきにくい。換気をしていたとしても非常に危険。

湯たんぽをつくろう

プラスチック製の水筒やペットボトルなどにお湯を入れて、湯たんぽ代わりにして寝るのもよい。低温火傷しないように、タオルなどに巻いて使うこと。

毛布類は下に敷く

チェアの隙間からの風で体温を奪われやすい。毛布などは上からかけるのではなく、下から巻き込むように使うとよい。

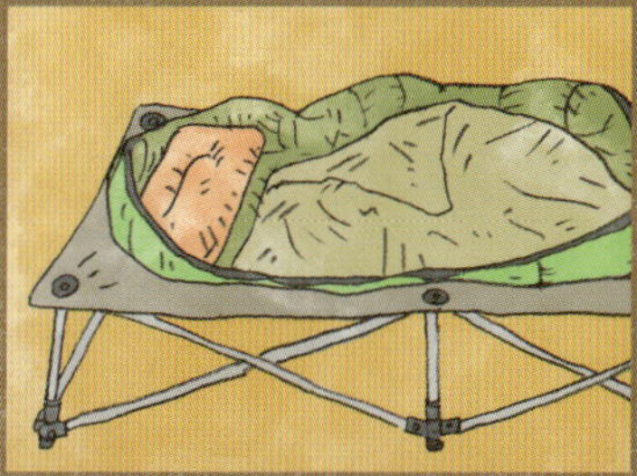

寝袋の中にブランケットを

寝袋の保温力を高めるために、ブランケットやトラベルシーツを中に入れよう。空気の層を増やすことで、さらに暖かくなる。

point

シュラフの適性温度ってどういうこと？

シュラフには使用最低温度が記されている。この数値は気温何℃まで快適に眠ることができるかの目安だ。とはいえ、表示されている温度が実際の気温に対応してくれるわけではない。たとえば気温2℃の日に最低使用温度2℃のシュラフで寝ると、最初はぐっすり眠れるかもしれないが、夜中になって寒くて目が覚めてしまう。もちろんマットや衣類を着込んで寝ることで多少の変化はある。しかし、朝までぐっすり眠るには実際の気温より4～5℃ほど低い使用最低温度のシュラフを選ぶようにしよう。秋口までのキャンプであれば、0～2℃のスリーシーズン用のシュラフがおすすめだ。

キャンプの光源はさまざまある

夜のテントサイトを照らす灯り。ランタンや焚火、ロウソクなど、キャンプならではの光は明るすぎず、それでいて柔らかくて暖かい、実に趣があるものだ。

燃料別ランタンの種類

ランタンは電池式、ガス（カートリッジ）式、液体燃料式の３つに分類できる。大きな違いは扱いやすさと光量。電池式はボタンひとつでオンオフできるため扱いやすいが、明るさに劣る。一方ガソリンや灯油などの液体燃料式ランタンは、事前の準備が必要なので手間がかかるが、サイト全体を照らせるほど明るい。それぞれの特徴を理解しつつ、できれば3種そろえて使いたい。液体燃料式ランタンでサイト全体を照らし、食事時の手元を灯すテーブルランタンにはガス式を。テント内では安全な電池式と使い分けよう。

▶周囲への配慮も大切

液体燃料式ランタンは翌日の早朝から登山や釣りを計画し、早寝早起きをするキャンパーにとっては、眩しいこともあるだろう。食事が終わり、片づけなどの作業がひととおり済んだら、消灯時間の前にメインとなる液体燃料式ランタンを消すのもマナーだ。寝るまでの余韻の時間は、わずかな灯りで十分。しっぽりと語らうのもいいものである。

電池式ランタン

電池で点灯するランタン。オンオフや、光量の調節をボタンなどで調節できるので扱いやすい。明るさは物足りなく感じるかもしれないが、子どものいるキャンプでは安全安心に使える。

ガス式ランタン

明るさが魅力のガス式ランタン。ツマミをひねってガスを出し、点火ボタンで着火するだけなので手軽に使用できる。電池式と比べるとかなり光量もある。燃料もバーナーと兼用できるので効率的。

液体燃料式ランタン

明るさや灯りの色に趣があるのが液体燃料式ランタン。燃料はガソリンや灯油など。点灯するまでにはいくつか手順があり、タンク内の空気圧を高めるポンピングや、装置に余熱を与えるプレヒートが必要。

その他キャンプならではの光源

1 ロウソク

調理や食事が終われば、それほど光量は必要ない。食後の家族の会話を楽しむくらいなら、ロウソクの灯りで十分だろう。テントやタープのロープをペグダウンした位置に置いておくことで、転倒防止にもなる。

2 月明かり

電灯などのないキャンプ場では、夜の暗さを改めて感じるとともに、月の本来の明るさに驚くことになるだろう。満月の夜ならば、サイトの灯りを一度消して、まぶしいほどの月明かりを堪能してほしい。

3 焚火

実は、焚火さえあればランタンなんていくつもいらない。電池やガスカートリッジなどの節約にもなるし、焚火を囲んでさえいれば、手元はもちろん皆の顔だって十分見える。

STEP! IDEA!

何より欠かせないのは ヘッドライトだ

P31でも紹介したヘッドライトは、実に欠かせないアイテム。日が落ちてから歯磨きで調理場に行ったり、夜中目が覚めてトイレに行くときなど、できれば人数分揃えて欲しいところだ。懐中電灯などと違って両手が使える上に、自分の向く方向を自動的に照らしてくれるため、暗い中での作業に重宝するからだ。停電などに備えて家庭用に懐中電灯を常備している人も多いかもしれないが、同じ発想であればヘッドライトのほうが圧倒的に便利なのだ。

ランタンを的確に使いこなす

扱いが難しいと思われがちなガス式ランタンや、液体燃料式ランタンも、使用上のポイントと注意点を押さえれば、あとは慣れの問題。ここではランタンの活用法も紹介する。

マントルは消耗品

燃焼式ランタンに欠かせないパーツがマントルだ。マントルはガラス繊維が燃焼して発光する消耗品。購入時は繊維状だが、燃やす（空焼き）ことで白い灰状になり、それを燃焼させることで発光する。

燃焼式ランタンの魅力

P56で紹介した、ガス式、液体燃焼式（ガソリン式、灯油式）ランタンは燃焼式ランタンと呼ばれている。その中でも、扱いやすいガス式が広く出回っているが、ベテランキャンパーほど液体燃料式ランタンを愛する。その理由は、電気には出せない光の存在感と、もうひとつは道具としての魅力だろう。たとえば、ガソリン式ランタンの仕組みや構造自体は100年近く変わっていない。丁寧に扱っていれば生涯キャンプを供にする相棒にもなってくれるのだ。

マントルの空焼き

マントルを取りつける

ランタン上部のネジを外し、ランタンの上部のフタと透明なグローブを外す。古いマントルを取り外し、付属のヒモや金具で、新しいマントルを中に空洞ができるように取りつける。

空焼きスタート

マントルの下側からライターなどでマントルに点火。すると煙がたくさん出る。燃えると一度黒くなるが、その後白く灰状になる。全体が白くなるまで燃やす。途中で消えたら再度点火する。

できあがり

全体が白くなってきたら少し燃料を出す。するとマントルの内部にガスが入り、少し膨らむ。全体が白い灰状になったら空焼きの完成。マントルはガラス以上に割れやすいので絶対に触らない。

ガソリンランタンの各部名称と扱い方

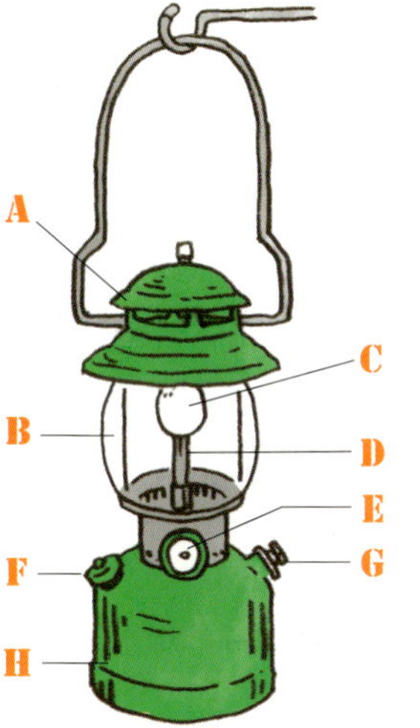

A：ベンチレーター　E：燃料バルブ
B：グローブ（ホヤ）　F：燃料キャップ
C：マントル　G：ポンプノブ
D：ジェネレーター　H：燃料タンク

ガソリンランタンには、ホワイトガソリンという精製された液体燃料を使う。燃料を8分目ほどまで入れ、タンク内部の内圧を高めることでマントルに加圧した空気を送り燃焼させて発光させるしくみだ。

▶撤収時の注意点

使用後はランタンが熱をもってないことを確認し、周囲に火のないところでタンク内の圧力がなくなるまでガスを逃がして、液体燃料を空にして収納する。

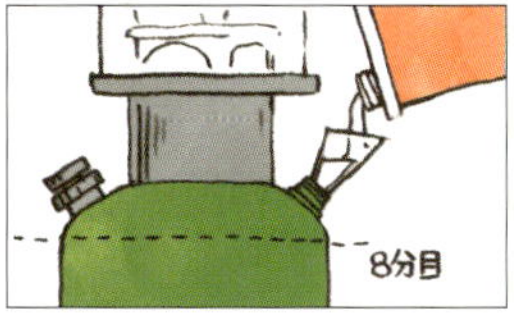

①タンクが満タンにならないように、8分目ほどまで燃料を入れる。タンク内の内圧を高めるため、ポンピングを行う。

②ポンプのつまみを左に回し、ロックを解除。中心の空気穴を親指で押さえながらポンプノブを引き出して押し込むポンピングを繰り返す。15～20回くらい繰り返すことで、タンク内の内圧を高める。

③ポンピングを終えたらポンプノブを戻しツマミを右に回してロック。燃料ツマミを回してガスの噴出を音で確認し、ライターなどでグローブ内に火を入れ点火する。

ランタンのレイアウト

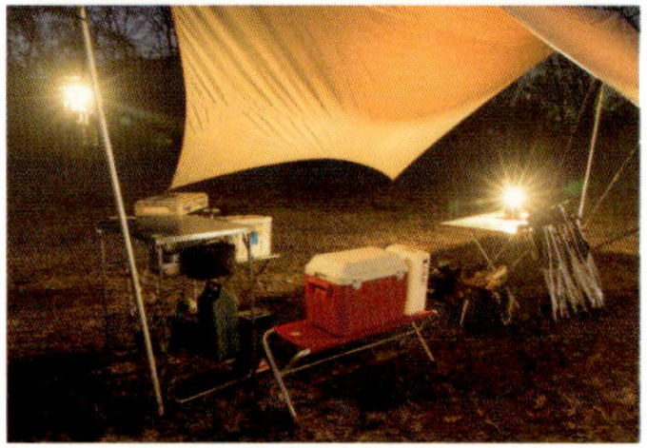

ランタンの光量を考えて適材適所で配置する

夏場のキャンプの大敵である虫は、強い灯りに集まってくる。手持ちのランタンでも一番光量の強いランタンをサイト付近に、少し離して配置して、虫を誘導しよう（写真上）。テント内のような密閉空間ではガス式などの燃焼系のランタンは使用NG。テントに火が移ってしまうのが怖いのはもちろんだが、（換気をしたとしても）一酸化炭素中毒になってしまうので電池式を使おう（写真中）。調理中などは手元を照らすためにキッチン付近にランタンを置きたい。また、せっかくの料理が見えるように、食事中にはテーブルにも（写真下）。

撤収は次回のことを考えて

楽しい時間も終わりに近づき、いよいよキャンプ場から撤収しなければならない。スムーズな撤収のコツは、就寝前、起床時にやるべきことを理解しておくことと、次回のキャンプのことを考えて行うこと。

寝るときは
ランタンなどのガラスものは
テーブル下に片づけよう！

就寝前、起床時にやるべきこと

撤収にかかる時間は多くの人が見誤る。もちろん慣れれば慣れるほど時間の読みは正確になるが、はじめのうちは、1時間くらいで片づけられるだろうと思ったら、少なくともその1.5倍の1時間半はかかるものと考えておくといいだろう。ここでは、撤収時間を短くするために知っておきたい、寝る前と、起きた後にやるべきことをリストアップしてみた。

▶撤収時間は長めに見積もる

キャンプ場にはホテル同様チェックアウト時間がある。撤収時間は長めに見積もって、チェックアウト時間から逆算して撤収を開始することが大切だ。あまりに時間を過ぎてしまうようなら、その日のデイキャンプ料金を追加で支払ってゆっくり過ごすのもいいだろう。

シーン別、効率のよい撤収方法

●就寝前に

夜露や雨の対策

よく晴れた日の夜は、夜露が降りる。また、夜中に天候が急変し、雨が降るかもしれない。テーブルやチェアなど、濡れたら困るものはタープの下などに入れておこう。

食材の管理

キャンプ場付近には動物が暮らしている。タヌキやネコは物陰から、トンビやカラスは高いところから様子をうかがっている。残った食材はクーラーボックスなど密閉できる場所に保管しておくこと。

食器類の片づけ

調理に使った鍋やフライパンはもちろん、皆で食べた食器類の片づけは翌朝に持ち込まないこと。一晩たった汚れはただでさえ落としにくく、炊事場でも大量に水を使うことになる。完全にきれいにしないまでも、食べ残しを捨ててキッチンペーパーなどで軽く汚れを拭き取っておくとよい。

●起床時に

寝袋を干す

寝袋やブランケットなど、就寝時に使ったものは寝汗などで湿っているもの。朝日が出ているのであれば、タープのロープに引っ掛けたり、車のボンネットに広げるなどして干してしまおう。天気の悪い日などは一度収納袋に入れてしまい、自宅に持ち帰ってから干すといいだろう。

テントを乾かす

朝、雨が降っていた場合は乾かせないので濡れたまま撤収するしかないが（P53）、晴れているならテントの底面を乾かしたい。雨に降られていなくても、テントの底面は結露で濡れている。下にレジャーシートを敷いていた場合（P47）も同様、濡れているものは撤収完了までに朝日で乾かしてしまおう。

使わなくなったものから片づける

撤収はもう使わないものから順に片づけよう。たとえばテントは起きてしまえば使わなくなる。朝食前に結露で濡れていた底面を乾かして、先に撤収してしまおう。そのあとは、朝食が終われば料理器具、食器類を撤収。すみやかに撤収したいのであれば、朝食には片づけが簡単にすませられるレシピを。慌ただしい朝はあまりおすすめできないが、焚火や炭を使わない料理を選べば、撤収時間は大幅に短縮することができる。日避けにもなるタープは、予期せぬ雨にも備えて最後に撤収するといい。

▶積載ルールをつくる

車への積み込みは、あらかじめラゲッジやトランク近くにシートを敷いておいて、積み込める収納状態になったものから並べておき、物がそろった時点で積み込むといいだろう。自分なりの積載ルールをつくっておくと、毎度パズルに悩むことなくスムーズだ。

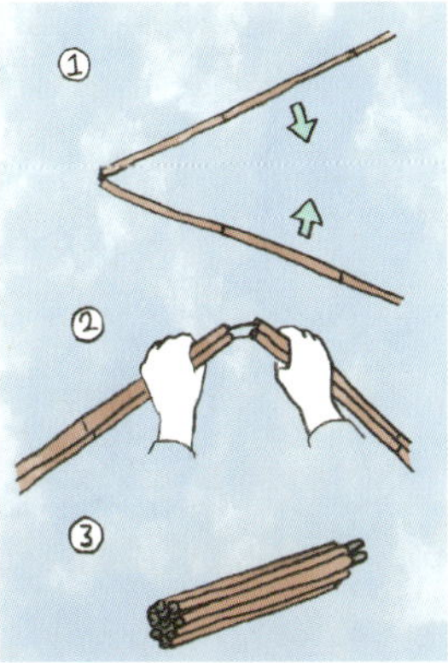

ポールは真ん中からたたむ

ポールはできるだけ真ん中からたたむようにしよう。テントから抜いて端からたたみたくなるのだが、これだと内部のショッキングコードが偏って伸びきってしまう。長く愛用するためにも気をつけたい。

テント内の掃除

テント内にどうしても入り込んでしまうのが葉っぱやゴミ。ポールの入った状態でテントを持ち上げてゴミを落とす人を見かけるが、これはテントポールの破損につながる。ほうきとちりとりを使ったり、ポールを抜いてテントを裏返すなどして対処しよう。

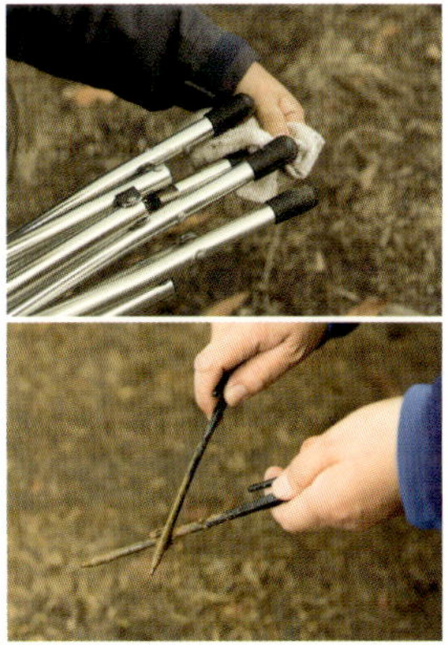

泥汚れなどを落とす

チェアやテーブル、タープポールなどの地面と接していた部分は、ふきんなどで汚れを落としておこう。こうすることで次回のキャンプを気持ちよくはじめられる。ペグも同様。乾燥していた場合は、2本を擦りつけるだけでも汚れを落とせる。

point

温泉の準備は今のうちに

キャンプ後の楽しみは温泉が定番。温泉に着いてから着替えやタオルを取り出すくらいなら、この時点で温泉セットをスタッフバッグなどに入れておけば、到着後に颯爽と向かえる。

名残を惜しみつつ次回の計画を練る

片づけを終えてハイさようならではさみしすぎる。焚火を最後にして薪が燃え尽きるまで、この後のランチや、温泉など、次の行き先や次回のキャンプの計画などを話し合う。時間に余裕のある範囲で最後の最後までキャンプを楽しもう。

上手な道具のメンテナンス法

愛すべきキャンプ道具は、決して使用頻度の高いものではない。眠っている時間が多いからこそ、使う前にはきちんと手入れをしておきたいものだ。

次回を楽しみにしながら道具の状態をチェック

　年に10回行ったとしても、せいぜい月イチくらいしか活躍の場が与えられないキャンプ道具。前回きちんと撤収していたとはいえ、久しぶりに使うようなときには事前に状態をチェックしておきたい。濡れたまま収納したテントやタープは、カビが生える前に天日干し。自宅の庭やベランダにスペースがない場合は、散歩がてらに近所の公園で広げて干すのもいいだろう。炊事場でおざなりに洗った調理器具などは、改めて台所できれいにしておこう。自宅で手入れをしているだけで、ワクワクして次のキャンプが楽しみになってくる。

キャンプ道具の収納場所

point

物置きや押し入れなど、キャンプ道具が増えてきたのなら専用の収納スペースを確保したいところ。しかし現代の住宅事情ではなかなか難しいのも事実。そんなときは、車のトランクやラゲッジスペースに収納しておけば、出発時に準備をする手間が省ける。また、家に入れないような災害が起こったときにはキャンプ道具が役に立つので、“いざ”というときの備えにもなる。ただし、夏場は車内温度が異常に高くなるので、ガスカートリッジなどの燃料類は放置しないように。

ダッチオーブンのお手入れ

鋳鉄製のダッチオーブンは、使い始めのうちは油が十分に馴染んでいないので、入念に手入れをしておく必要がある。この油を馴染ませる作業をシーズニングと呼ぶ。表面に油の膜をつくることで、錆つきや焦げつきを防ぐことができるのだ。ちなみに、洗剤を使って洗うとその油の膜を落としてしまう。ひどく汚れてしまって洗剤で汚れを落とした場合は、再度シーズニングを。

汚れを削り落とす

まずは焦げついた汚れやサビなどをしっかりと削り落とす。

ダッチオーブンが熱いときは、絶対に水をかけない。鋳鉄製のダッチオーブンは温度差に弱く、割れてしまうこともある。

お湯を沸かして汚れを浮かせる

削っても落ちない汚れは、ダッチオーブンでお湯を沸かし、汚れを浮かせてから、タワシなどでゴシゴシ洗う。ダッチオーブンが完全に冷めているのであれば、水で洗ってもOK。

火にかけて水気を蒸発させる

ダッチオーブンの水気を完全に蒸発させる空焼きを行う。空焼きの前に、残った野菜クズなどを炒めると、鉄臭さを落とす効果もある。

油を塗る

水気がなくなったら、キッチンペーパーなどにオリーブオイルなどを染み込ませて、ダッチオーブン全体（表裏ともに）に塗る。鋳鉄の凹凸にもしっかり油を塗りこむ。

道具のメンテナンスと補充

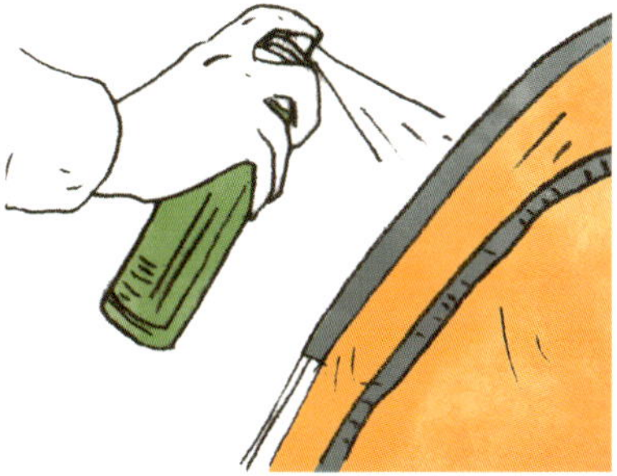

テントやタープに防水スプレーをかける

テントやタープを干すときに、防水スプレーなどを塗布しておくことで、撥水性を高めることができる。

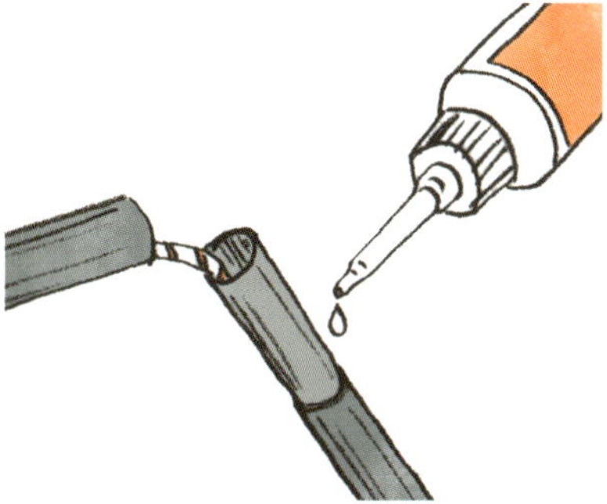

ポールのメンテナンス

錆びつきなどで抜き差ししにくくなったポールは、連結部に潤滑油を塗布することでスムーズになる。

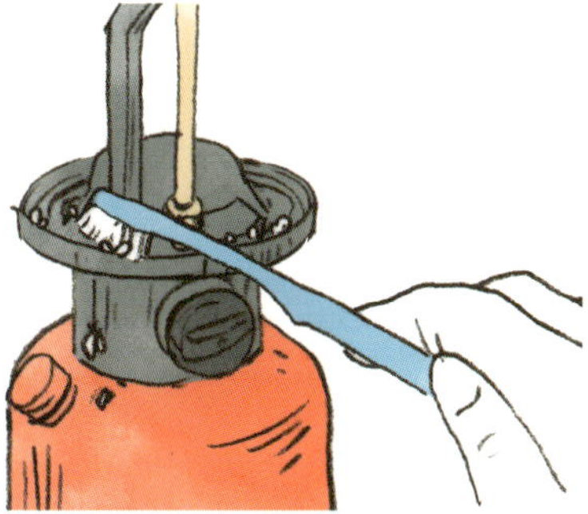

ランタンのメンテナンス

ランタンのグローブ内には虫の死骸などがたまってしまう。ブラシなどで払い落としておこう。

シュラフのメンテナンス

ダウン素材のシュラフは収納袋に入れたままにしておくと、潰れて膨らみにくくなる。通気性のよい大きめの袋などで圧縮しないで保管しよう。

消耗品の補充を怠るなかれ

ガスカートリッジなどの消耗品は、キャンプ前に事前に補充しておこう。現地に着いて足りないことが発覚しても後の祭り。

point

調味料は自宅用と兼用に

キャンプ当日の買い出しの際に、調味料まで購入するのはおすすめできない。キャンプのときにはちょっとしか使わない調味料を、その都度購入するのは経済的ではないからだ。理想は自宅のキッチンから必要なものだけを持ち込むこと。調味料用のバックを用意しておけば、清潔に使うことができる。賞味期限が切れそうなものから優先的に使えばより経済的だ。

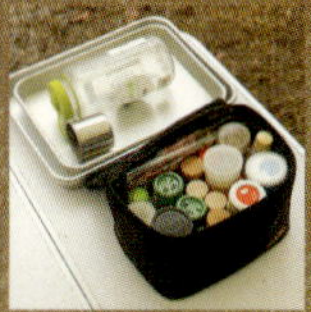

COLUMN 2

覚えておきたいロープワーク

テントやタープには自在フックがついているため、ロープワークを必要とする場面は意外と少ないかもしれない。しかし、木やタープポールにランタンを吊るしたり、ペグが打てないような環境ではロープワークは重要なスキルだ。ここでは結びやすく、強度も高く、解きやすい、使用頻度の高い結び方を紹介する。

ふた結び

立ち木にロープを固定したり、テントやタープの張り綱をペグに固定したり、一端を他の物体に強く縛りつけることができる。簡単で解きやすく使用頻度も高い。

用途：立ち木にロープを張る、ペグに張り綱を結ぶ

もやい結び

簡単ながら非常に強度が高く、固く締まっても容易にほどける結び方。輪の大きさが変わらないため、さまざまな場面で活用できる。

用途：立ち木にハンモックを吊るす、カヤックを杭につなぐ

自在結び

ペグが打てないような環境でテントやタープの張り綱を木に結びつけるのに便利。長さを調節できるため、緩めたり再び締めたりと調節が可能。

用途：立ち木にロープを張る、自在フックの代わり

PART 3

自由自在に火を操ろう

野外で生活をするキャンプでは、
「火」の扱い方が重要となる。
火は、料理や、寒さへの備え、
暗闇を照らす照明として、
なくてはならない存在なのだ。
ここでは焚火の基本的なやり方を解説しながら、
キャンプでの正しい火の活用法を紹介していく。

焚火をしないで何をする？

キャンプの醍醐味は
人それぞれあるかもしれないが、
なんといっても焚火である。
誰もが炎を見つめているだけで、
キャンプに病みつきになってしまうのだ。

なぜ人は
火に魅了されるのか

焚火をしないキャンプなどあり得ない。むしろ焚火をするためにキャンプをしているようなものである。

古来、人類は火を操って進化してきた。道具を開発して使いこなしを繰り返し、現代の最先端技術に至るまで、進化の根源は火との営みから始まっているのだ。また、さまざまな神事にも常に火が存在する。火に対する敬意と愛情は、もはやDNAに刷り込まれているのだ。

焚火には人を打ち解けさせる何かがある。その理由は何だろう。焚火には酒が共にあることも関係しているかもしれない。しかし、最大の理由は、焚火がそこにあるだけで、自然と人々が集まり向かいあってしまうところにありそうだ。以前、作家の田淵義雄氏が「焚火はテレビジョンだ」と言っていた。まさにそのとおりだと思う。キャンプの夜はいつも焚火が中心で、みんなが焚火に夢中だ。炎を囲み向き合うことで、自然と人は解け合っていくのかもしれない。

調理ができる

焚火といえば料理。キッチンでつまみをひねっているだけでは、料理のために火を操っている感覚はないかもしれない。オール電化ではなおさらだ。リアルに火を操って料理をすれば、改めて火のありがたみを知ることができるだろう。

乾かせる

アウトドアアクティビティのなかでも、釣りやカヤックなど水遊びは一般的。それらの後は、しばしば衣服が濡れることもあるだろう。昼間は太陽があれば干せばいい。陽が落ちたって、そこに焚火があれば乾かすことなんてわけないのだ。

焚火を
有効活用しよう
焚火は魅力的なものであるとともに、熱を発するエネルギー源だ。
だからこそ、あますことなく有効に活用したい。

暖をとれる

夜になれば暗くなり、気温も下がる。そうしたときに人は火を焚いてきた。手足など体の先端ほど冷えてきたときに、火にそれらをかざす。遠赤外線の芯まで伝わる熱が、硬直した体をじんわりと溶かして和らげてくれることで、細胞ひとつひとつが火に感謝するのだ。

鑑賞できる

焚火があれば、自然とそこに人は集まる。酒でも酌み交わしながら会話に花が咲くこともあるだろう。しかし、炎を眺めているだけで、不思議と会話はなくとも時間を共有することができる。たとえひとりでキャンプをしていても、焚火があればさみしくもない。

焚火アイテムは こんなにある

**火を操るにも道具が必要だ。
そしてどうせ使うなら、魅力的な道具に囲まれたい。
焚火マスターによって選び抜かれた
道具たちをとくとご覧あれ。**

焚火もカタチから 入ってみる

焚きつけと薪を集めたら、あとは最低限マッチでもあれば、特に道具なんて必要ない焚火。しかし、焚火をより楽しむために深く追求していくと、自然とモノが増えてくる。薪を割る斧やナタ、焚火で調理をするためのゴトク（写真右下）やホットサンドクッカー（写真右の2点）、焚火フォーク（写真左上数点）など、道具があることで焚火でできることが増えてくる。

焚火がしたくなる秘密道具一式!!

▶焚火アイテムを一式まとめておくのにおすすめなのが、油や塗料を入れるペール缶。専用の工具収納袋を被せれば、焚火セットのできあがり。外側、内側のポケットにさまざま道具を入れられる。

①②焚火フォーク ③火吹き棒 ④⑨ホットサンドクッカー ⑤ログキャリー ⑥火ばさみ ⑦斧 ⑧耐火グローブ ⑩トーチライター ⑪フォールディングナイフ ⑫ゴトク

これだけは持っておきたい選抜6アイテム

現地で薪を集める「ログキャリー」

薪を集めるための、持ち手のついた布がログキャリー。両手いっぱいにかかえて何度も往復せずとも、一度で大量に薪を集められる。

ワイルドに焚火をあやつる「グローブ」

厚手の耐火グローブがあれば、薪の火のついていない部分をわしづかみにして、ワイルドに火をコントロールすることができる。

炎の魔術師になれる「火吹き棒」

ピンポイントで空気を送り込むことができる火吹き棒。うちわでは灰が飛び散ってしまうので、こちらを使ったほうがスマートだ。

「焚火フォーク」で何を焼こうか

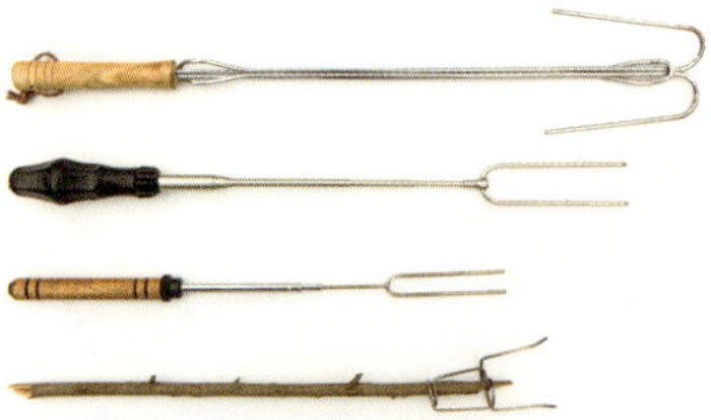

先端に食材を刺して焚火にかざす各種焚火フォークの数々。マシュマロやソーセージ、魚など、長さや強度によって使い分けよう。

「火ばさみ」は必須アイテム

耐火グローブでも掴めないような、燃え盛る薪を操作するために必要なマストアイテム火ばさみ。薪を掴む部分が広くなっているものもあり使い易い。

伸縮自在の「トーチライター」

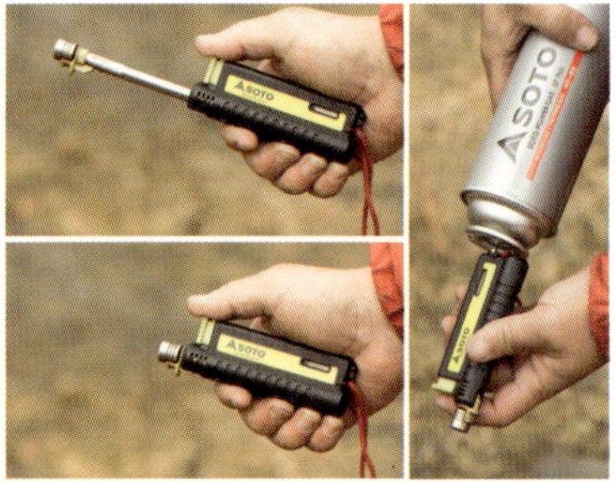

充てん可能なガス式トーチライター。火口がスライドして伸縮するため、より安全に使用することができる。

薪の種類と割り方・組み方

焚火の目的によって、薪の材質を決めよう。効率よく焚火を行うために、燃料となる薪についての知識を深める必要がある。

焚火に適した薪の種類とは？

薪の種類には大きく分けて針葉樹と広葉樹がある。一般的に、針葉樹は広葉樹に比べて密度が低く、薪割りが容易で運搬にも適している。また、着火性が高いので焚きつけ用に適している。一方、密度の高い広葉樹は火持ちがよく、暖める力も高いのが特徴だ。着火性の高い針葉樹は、細かく割って焚きつけに。炎が安定してきたら広葉樹をくべて、じっくりと焚火を楽しむ。適材適所で使い分けよう。

針葉樹の薪

薪割りもしやすく着火性の高い針葉樹の薪。代表的なのはスギ、ヒノキ、カラマツなど。ハイペースで燃えてしまうため、頻繁に薪をくべ続けなければならない。また、煙も火の粉も多く出る。一般的なキャンプ場には針葉樹の薪が販売されていることが多い。

広葉樹の薪

長時間燃えてくれる、じっくり焚火を楽しむのに欠かせない広葉樹の薪。代表的なのはコナラ、ブナ、ケヤキなど。火の粉も少なく焚火に適している。ただし広葉樹の薪は密度が高いので、薪割りは難しくなる。

▶薪で香りづけ？

焚火で肉などを焼く場合、燃やす薪によって味を変えて楽しむことができる。サクラやリンゴなど果樹を薪にして、煙にいぶされた味の変化を楽しもう。これぞまさに焚火フレーバー！

おもな針葉樹の葉

スギ

ヒノキ

カラマツ

マツ

おもな広葉樹の葉

ナラ

コナラ

ブナ

ケヤキ

薪割りアイテム

薪割りアイテムの基本は斧

斧を振り下ろして丸太を割る。これが一般的な薪割りのイメージだろう。しかし、キャンプではハンドアックス（写真下）と呼ばれる片手で扱える斧で十分だ。

薪の割り方

地面は固いほうがいい

やわらかい地面では力を吸収してしまい薪は割れない。木で土台をつくるのも手だ。

斧を振りかぶらない

まず斧を小さく振って薪に刃をくいこませて、薪が刃から離れないように固定しよう。

薪ごとたたきつける

刃に食い込んだ薪を地面に叩きつけるように斧を振る。木目に沿ってキレイに薪が割れる。

薪の組み方

ゴトク代わりの薪

太さの同じ大きめの薪を平行に並べることで、ケトルを置いてお湯を沸かしたり、鍋を置いての調理が可能。当然ながら燃えてしまうので、鍋を置くときは薪がくずれないように様子を見ながら火を焚こう。

薪を乾燥させる

焚火が始まったら、その熱を利用して薪を乾燥させよう。焚火台なら控えの薪に燃え移る心配はない。乾燥させた薪はより着火しやすくなるし、爆ぜることも抑えられる。

焚火といえばダッチオーブン

焚火上に鍋を吊すためのトライポッドとダッチオーブンを設置したら、蒸し焼き、煮込みなどの焚火料理（P76）を。おき火になった薪をフタの上に置く調理法にも対応する。

さて、どんな焚火をしましょうか？

調理をするのか暖をとるのか、焚火の用途によって薪の量は変わってくる。
どんな焚火をするのか、ひとつプランニングしてみよう。

焚火における失敗といえば薪不足。寒くなった夜に肝心の燃やす薪がない！なんて事態は避けたいもの。薪の種類や組み方によっては長持ちしないので、焚火をする際の薪のチョイスは意外と重要。ここではどんな焚火をするか、またそれにはどの程度の薪が必要なのか、焚火プランの立て方を考えてみよう。

よくある失敗談：
薪をくべすぎると、炎も上がって明るく暖かいものだが、その分火の粉が上がるもの。服の袖口に穴が開いたり、下手するとテントやタープにも穴を開けてしまう。油が多く含まれているスギやマツなどの薪は一度にくべすぎないようにしよう。

焚火プランの立て方

STEP 1
目的と用途を考える
まず考えるべきは、焚火の目的。焚火で料理をしない場合と、焚火でも料理を想定している場合では、倍ほど薪の量が変わってくる。

STEP 2
材質と分量を組み立てる
焚火で料理をする場合、それに適した薪を選ぶ必要がある。また、どのような料理をするかでも選択肢がある。適材適所で薪を選ぼう。

STEP 3
薪を事前に用意する
現地で拾い集めたり、キャンプ場で購入するのでは選択肢が限られる。薪は目的と用途に合わせて事前に購入しておくこと。

目的と用途に応じた焚火

67ページでも紹介したとおり、焚火をするにも目的が分かれる。焚きつけから着火し、針葉樹で炎を上げて広葉樹が安定して燃える状態「火床」が完成したら、焚火の目的に応じて炎の量を調節する必要がある。

落ち着いた焚火をする

調理時は薪の交差する点を減らして、遠赤外線を発する「おき火」の状態にする。針葉樹の薪ではすぐに燃え尽きてしまうが、広葉樹の薪なら炭火のようなおき火の状態が長時間持続するため、火力が安定して調理がしやすい。また、眺める焚火もおき火がいいだろう。

炎を上げる焚火をする

灯りとして焚火をするなら、折れた薪を三角すいになるように立体的に組み上げていこう。炎が上に向かって高く上がることで、周囲を照らすことができる。炎が上がれば暖もとれるが、燃やしすぎには注意が必要だ。広葉樹の薪を2本くべるくらいがいい。

▶おき火とは？

薪が燃えて赤く炭火のようになった状態のこと。炎は出さないが、遠赤外線を発生させているので、熱伝導にすぐれ、もっとも料理に適した状態といえる。炎が揺らぐことはなくおとなしく見えるが、その効果は肉を焼いてみればわかるだろう。「外はこんがり、中はジューシー」な焼き上がりに驚くはずだ。

▶適度な焚火を心がけよう

焚火ではキャンプファイヤーのように高く炎を上げる必要はない。強い炎は火の粉を飛ばし、衣服やタープに穴を空けてしまうし、せっかく暖をとりたいのに近づくこともできない。さらには薪の消費も激しいと、百害あって一利なしである。適度な炎を維持しながら、弱くなったら薪をくべるを繰り返し、しっぽりと楽しもう。

おき火

適度な焚火

燃やしすぎ

目的に応じた焚火台の種類

グループで焚火を楽しむ

家族やグループで焚火を楽しむ際は、丈夫でサイズのある焚火台がいい。専用の焼網をセットすればバーベキューもできるので、みんなで囲んで使いたい。

燃料を抑えて焚火をする

その構造自体が燃焼に優れた焚火台。少ない薪でも高い燃焼効率を誇るので、薪が購入できず、拾った薪などで焚火をしなければいけない場面で大活躍する。

携帯性に優れたタイプ

耐熱性の布をワイヤーで吊り下げるコンパクトなタイプ。フレームを含めても手のひらサイズに収納できるので、車を使用せずバックパックでキャンプに行く際に便利。

焚火マスターに学ぶ火おこしのコツ

焚火プランを立てたら、いざ実践。
火おこしはキャンプにおいてもっとも重要なテクニックだ。
現地でスムーズに行えるよう、手順をマスターしておこう。

焚きつけから薪まで燃料は最初に揃えておく

焚火を育てるには、まず焚きつけ用の細い薪、中くらいの薪、長時間燃やすための太い薪と、大小三段階の薪が欲しいところ。それに加えて焚きつけがあれば、焚火の準備は万端だ。着火剤なども市販されてはいるが、枯れ葉や枝を使って着火してみよう。枯れた松葉や松ぼっくりは樹脂が多く含まれているため、良い着火剤になるのだ。

▶乾いた枝を見つけるコツ
小枝は折ったらポキッというモノを。乾燥している証拠。

落ち葉や枯れ枝に着火
空気の層ができるように、ぴったり重ね合わさずに落ち葉や枯れ枝を置いて着火する。

小枝や木っ端を加える
火が消えないよう慎重に空気を送り、火が大きくなったら小枝や木っ端にした薪を加える。

空気を送り込む
ここまでくれば多少の風では火は消えない。火を大きく育てるために重点的に空気を吹き込もう。

中くらいの薪をくべる
炎が大きくなってきたら、中くらいの薪を加える。空気が通るようにすき間をつくって重ねる。

大きめの薪をくべる
最後に長時間燃える太い薪を1本くべる。太い薪が燃えるまで、小枝や中くらいの薪を継ぎ足す。

風を利用した配置の妙
太い薪に火がついたら、放置状態。風を受けやすいよう、風向きに対してすき間をつくって並べよう。

火床を完成させたら目的に応じてコントロール

薪の重なる中心が主に燃えるので、いずれ薪は2つに割れることになる。割れた薪を再度重ねたり、薪を追加して炎を安定させよう。広葉樹の薪1本に火がついて一部でも炭の状態になれば“火床”の完成。一方、薪を三角すいになるように立てて空気の入りやすい形にすれば炎が上がり暖をとれる。焚火で何をするか、それに応じて火をコントロールしていこう。

焚火で料理をしよう！

**眺めているだけでも最高の焚火。
だけど、燃えている以上は
エネルギーが発生しているんだから、
何かに活用してみない手はない。やっぱり料理でしょう。**

賢くワイルドな焚火料理の醍醐味

どうせ焚火をするのであれば、その火を使って料理をするのが合理的と考えるのが新しいキャンプの考え方。肉をこんがりと焼く。マシュマロをとろりとあぶる。ウインナーをぷりぷりに焼く。野趣溢れるその調理スタイルは見た目だけじゃなく味も最高。PART5で紹介している焚火料理のレシピも参考に、賢くワイルドな料理にチャレンジしてみよう。

焚火と交わすコミュニケーション

各々が焚火フォークにソーセージを刺し込んであぶる。煙に燻《いぶ》されて焚火ならではの味になるし、焼き加減も自分次第。焚火の炎とコミュニケーションを楽しんでみよう。

焚火料理の4つのメリット

STEP 1

赤外線効果でおいしい

焚火＝炭火は赤外線である輻射熱を発生させる。例えばおき火状態の焚火の近くに魚を置くと、じっくり中から焼けてくるので、表面はパリっと歯触りもよく、中はほっかほか状態で焼くことができる。また、赤外線は表面を硬化させるため、うま味を外に逃がさないのだ。

STEP 2

風の影響を受けない

ガスバーナーの火はうちわで扇ぐと風でたなびいてしまう。それとともに熱も風で流れてしまうが、おき火状態の焚火はうちわで扇いでも手を近づければ熱い。これは電磁波の一種である赤外線によるもの。赤外線は風の影響を受けない熱なので、野外に適した調理法なのだ。

STEP 3

放置しててもできあがる

ガスバーナーで調理する場合、火力は一定で扱いやすい反面、常に見張っておく必要がある。一方焚火の場合、薪の量を数時間後には消えるように調整しておけば、弱火から消火までが自動的に行えるため、放置しても煮詰め過ぎたり焦がしたりの失敗がない。

STEP 4

燻煙効果で味が変わる

肉や魚など、焼かれることで脂の落ちる食材の場合、その脂が炭火に落ちて煙が発生し、その煙にいぶされることによって味がつく（ただし炎が上がると焦げることも）。また、70ページでも解説したとおり、薪を果樹にして燻煙することで、また違った香りづけをすることができる。

焚火料理の楽しみ方

手軽なホットサンドクッカー
パンを挟んで密閉し、そのまま焚火の中に突っ込んで焼き上げるホットサンドクッカー。調理の手間を減らしたい朝食にぴったり。

子どもが喜ぶ焚火マシュマロ
焚火フォークでマシュマロあぶり。上手に焼ければふわとろの極上デザートになる。焚火と距離をおけるので、子どもでも楽しめる。

鬼に金棒、焚火にダッチオーブン

ダッチオーブンには、鋳鉄、ステンレスなど素材はさまざまある。薪や炭火に直接かけて煮込み料理をしたり、フタに火種を乗せて上から熱するオーブン的な使い方もできることが特徴。丸鶏やローストビーフなど、肉の塊をそのまま調理するような豪快さは、まさにワイルドな焚火料理の最良のパートーナーになるだろう。ただし鋳鉄製の場合、残り物は翌朝に持ち越さないこと。ダッチオーブンが傷んでしまう。

焼く、蒸す、揚げる、ボイルすると、さまざまな調理法をひとつでこなす万能鍋。フタを裏返しにすればフライパンとしても使える。

キャンプですぐに お湯を沸かす方法

コーヒーを飲んだり、湯たんぽをつくったり。キャンプはお湯が必要になる場面が多い。焚火でゆっくり沸かすのもいいけど、すぐに必要なときは、どうする？

湯沸かしに便利な ケリーケトルの実力

アウトドアですぐにお湯を沸かしたい、そんなときにおすすめしたいのがアイルランド生まれのアウトドア用やかん(＝ケトル)「ケリーケトル」。ガスなどは使わず、小枝や松ぼっくりといった自然の燃料でOK。量も多くは必要なく、やかんの下に入れて焚きつけるだけ。二重構造の外側に汲まれた水は、煙突効果によって起きる内側の上昇気流で内壁全体で熱せられ、効率よくお湯を沸かすことができるのだ。たとえば500㎖の水ならば、2分足らずで沸いてしまう。

100年以上変わらない
完成されたフォルム！

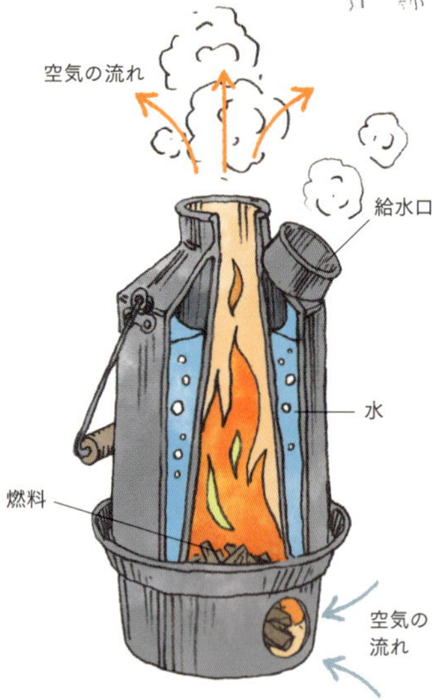

空気の流れ
給水口
水
燃料
空気の流れ

ケリーケトルの構造

中心が煙突状になっており、その周辺に水が入っている構造。底面だけが火にあたるケトルと違って、下で燃えた炎が上に向かって全体に伝わるため、高い熱効率で短時間でお湯を沸かすことができる。薪や焚きつけは、受け皿に空いた穴から投入する。上の穴から追加してもOK。使用の際は必ず給水口のキャップは外しておくこと。

STEP! IDEA!

牛乳パックでお湯を沸かす

ガスも止まって自然の燃料も
手に入らないような
非常時におすすめしたいのがこの方法。
ケリーケトルなら、牛乳パック
1パックで500mℓのお湯が
沸かせてしまう。

牛乳パックは意外と便利

牛乳パックにはロウが塗ってあるため、ただの紙よりよく燃える。実は焚きつけや燃料になるのだ。ただし長くは燃えないので、一度に燃えないように継ぎ足して燃やそう。また、牛乳パックは広げた状態にすればまな板にも流用できる。

1 **牛乳パックを小分けにする**
牛乳パックの縦1辺を目安に手でビリビリ破く。紙面を露出させると、そこに火が着きやすい。

2 **受け皿で1枚だけ点火**
切り分けた牛乳パック1枚を受け皿に置いて着火する。一度に全体が燃えないように、端から着火する。

3 **ケトル本体を置く**
牛乳パックが燃焼していることを確認したら、水を入れたケトル部分を置いて湯沸かしの開始。

4 **燃料を継ぎ足していく**
小分けにした牛乳パックの切れ端を、火が消えないように継ぎ足していく。いっぺんに何枚も投入しないように。

お湯を沸かしながら調理もできる

煙突の頂点に熱が逃げてくるため、そこを利用して簡単な調理をすることも可能。お湯を沸かしながら調理ができる、一石二鳥の使い方だ。

贅沢なコーヒーの淹れ方

**コーヒーのないキャンプなんて考えられない。
どうせならインスタントなどではなく、
手間ひまかけて贅沢に時間を使って
コーヒーを淹れてみよう。**

道具にこだわり手間ひまかけて

　キャンプとコーヒーの相性がいいのはなぜだろう。さて、どうせコーヒーを淹れるなら、入れ方にもこだわりたいもの。まずは挽いた豆を持ち込んで、ドリップするだけでもいい。次は現地で豆を挽いてみたり、極めつけは生豆を焚火でローストしたり。ここではもっとも手間のかかる、焚火で生豆をローストする贅沢なコーヒーの淹れ方を紹介しよう。

①焙煎器
②コーヒーミル
③フィルター
④ドリッパー
⑤ケリーケトル
⑥ポット
⑦シェラカップ
⑧ボトル
⑨コーヒー豆入れ
＋水（1人前150cc×人数分+50cc）

焚火マスターのコーヒーグッズ一式。もちろん道具はこれでなきゃいけないというものではない。自宅で普段使っているものでOKだ。

キャンプの朝に
淹れたてのコーヒーを
飲むのが至福の時間！

焙煎から焚火でコーヒーを淹れる

生豆と焙煎器を用意

1人分（約10g）を目安に生豆を焙煎器に入れる。焙煎器を左右に振って火にかける。

豆を２段階焙煎する

煙が出始めるとパチパチと音がする（1爆ぜ）。さらに焙煎するとパチパチパチと連続音がして、モクモクと煙が出る（2爆ぜ）。

豆を冷ます

豆が黒くなってきたら加熱をストップ。2つのシェラカップに交互に移して、豆全体を冷やそう。

コーヒーミルで豆を挽く

粗さを細挽きに調節したコーヒーミルに豆を入れて、ゆっくりと回転させる。手応えと香りを感じながら豆を挽く。

ドリッパーに移す

今回はドリッパーを使うため比較的細挽きにしたが、淹れ方によって粗さは調節しよう。

ケリーケトルでお湯を沸かす

お湯自体は何で沸かしてもいいのだが、ここではやはり焚火にこだわりケリーケトルを使いたい。

「の」の字を描いて注ぐ

まずは中心から「の」の字を描くように1投目を注ぎ一度粉を蒸らす。2、3投目をゆっくり注ぐ。

できあがり

すべてのお湯を注いだらできあがり。個々のマグを用意し、みんなで香りを楽しみながら味わおう。

COLUMN 3

ケガをしないための正しいナイフの扱い方

＊アウトドアナイフを携行するのはキャンプのときに限ります。使用目的もなく携行したり、車に載せておくと、場合によっては銃刀法違反に問われることになるので注意しましょう。また、子どもに使わせる際は、必ず大人が見てあげるようにしましょう。

食材を切ったり、焚火のときに木の皮を削って焚きつけをつくったり、アウトドアや、いざという時に欠かせないのがナイフの存在。折りたたみ式の小型ナイフとはいえ刃物は刃物。正しい扱い方を覚えておこう。また、キャンプをきっかけに、子どもにナイフを使う体験をさせてもいいだろう。たとえば、大人と一緒に木の枝で箸をつくってみると、工作を通してナイフの正しい扱い方を覚えられる。間違った扱い方をすれば危険だということも。子どもにとっても、大人にとっても普段の生活では味わえない貴重な体験になるはずだ。

ナイフの開き方

周囲に人がいないことは前提として、自分に対して刃を背に向けて刃を開く。

このタイプのナイフは柄の部分の口金を回すことで、刃をしっかりと固定できる。

ナイフの持ち方

手のひらで握るようにホールドし、人差し指を刃の背に添える。力を入れすぎないよう注意。

ナイフのしまい方

固定していた口金を回し、刃の背に手のひらを当てながらそっと閉じる。

切れ味を落ちたら

刃こぼれしてきたら、アルミホイルを何度か斬りつければ砥石代わりになる。

ナイフで木を削る

親指を刃の背に当てて、下に向けてナイフを動かす。木を持つ手にグローブをすれば安全。

PART 4

自然の中で遊ぼう

せっかく野外にいるのだから、
自然との時間を存分に楽しみたい。
子どもたちと一緒に木の実や石、落ち葉で遊んだり、
ハンモックでのんびり昼寝をしたり。
事前の準備や高価な道具がなくても大丈夫。
自然の中で過ごすキャンプならではの
遊び方を提案しよう。

キャンプは2泊3日で行こう！

ホテル泊とは違って、設営や料理など自分でする支度が多いのがキャンプ。それがキャンプの楽しみではあるが、もっとゆっくりと過ごしたい人に……2泊3日キャンプのススメ！

遊びの時間がたっぷりとれる

多くの人が、キャンプへ行くのは週末の2日。これが意外に慌ただしく、昨日の昼に設営したのに、翌朝にはもう撤収。帰宅後の片づけをしたら、リフレッシュどころか疲れちゃった……なんてことも。回数を重ねて慣れることで、こうした慌ただしさは、ある程度解消されてくるが、たまには思い切って週末＋1日。2泊3日のキャンプに出かけてみよう。1日増えただけで、自由に使える時間が格段に増え、ゆっくりのんびりリフレッシュできるはず。いつもは時間がなくて諦めていた凝った料理や、アクティブな遊びにも挑戦できる。

2泊3日なら、こんなにゆったり

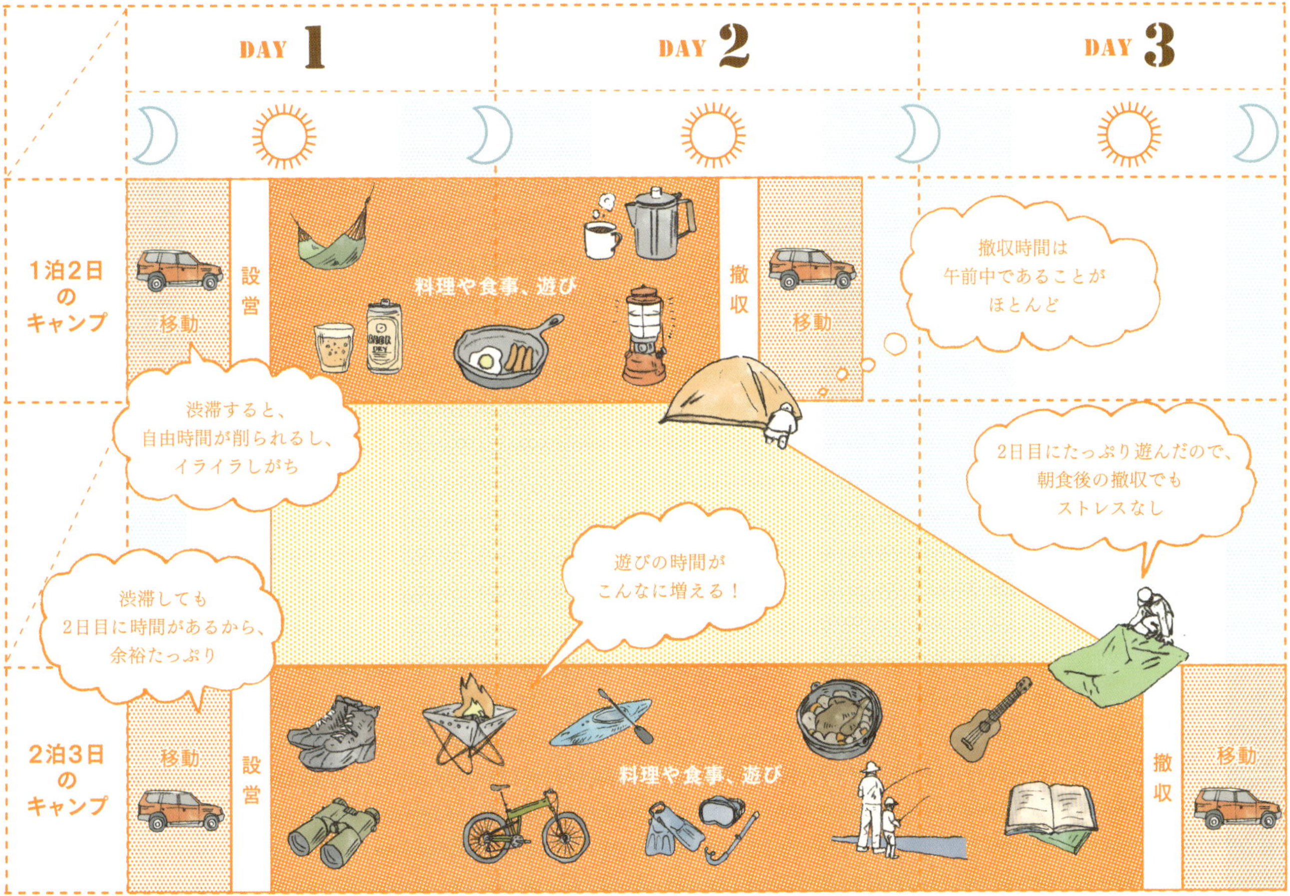
DAY 1
DAY 2
DAY 3
1泊2日のキャンプ
移動
設営
料理や食事、遊び
撤収
移動
撤収時間は午前中であることがほとんど
渋滞すると、自由時間が削られるし、イライラしがち
2日目にたっぷり遊んだので、朝食後の撤収でもストレスなし
遊びの時間がこんなに増える！
渋滞しても2日目に時間があるから、余裕たっぷり
2泊3日のキャンプ
移動
設営
料理や食事、遊び
撤収
移動

提案！
２泊３日の過ごし方

2泊3日の2日目は、丸々遊びに使うことができる、設営・撤収も移動も何もない自由な24時間だ。日常生活から離れて過ごすキャンプだから、一日中ハンモックでのんびりしてもいいし、朝からアクティブに活動してもいい。いつもの１泊キャンプでは体験できない朝一番の時間はぜひ満喫したい。週末を合わせて２泊する場合、2日目が日曜になるよりも、土曜のほうが混雑が少なくおすすめだ。

早朝からハイキング

丸一日を自由に使える2日目。テントサイトでのんびりするのもいいけれど、朝一番で近くの山へ出かけてみるのもいい。自宅からの日帰り登山と違って時間に余裕が生まれ、下山を急ぐことなく、山頂でのんびりと過ごすことができる。

早朝の湖や海の景色を楽しむ

湖は早朝だと幻想的な景色を見せる。波もおだやかなので、カヤックなども風の影響も少なく安心して楽しめる。渓流釣りも朝や夕方のほうが魚が活発にエサを求めに動いている。早朝から自然に近い環境にいると、こうしたことを楽しめる。

じっくり料理

1泊２日のキャンプだと、時間をかけて料理をするのは難しい。2泊3日のキャンプは、じっくり料理をするのには最適だ。かたまり肉をコトコト煮込んだり、生地からつくってパンを焼いたり。いろんな料理にチャレンジしよう。子どもたちに手伝ってもらいながら、一緒に料理する余裕もできる。

水辺でハンモック

のんびり過ごすのにおすすめのハンモック。いつも持ってくるけれど、のんびりする時間がない！ という人こそ、キャンプの日数を増やしてほしい。2泊3日であれば、2日目の半分くらいはハンモックに揺られても、熟睡しても大丈夫だ。夏のキャンプなら、涼しい水辺のハンモックで過ごしたい。

昼からビールの贅沢

到着、設営、料理～目覚めて撤収、帰りは運転。大人のとっておきの贅沢「昼からビール」は、1泊キャンプだと案外、機会がなかったりする。ビールのために2泊3日！も悪くない。時間はたっぷりある。ほろ酔い気分での昼寝も楽しんでしまおう。

持っていきたい遊びの7つ道具

**キャンプでの過ごし方は十人十色。
自由な時間を過ごせるのがキャンプのいいところだ。
そんなときにあると楽しい道具を紹介しよう。**

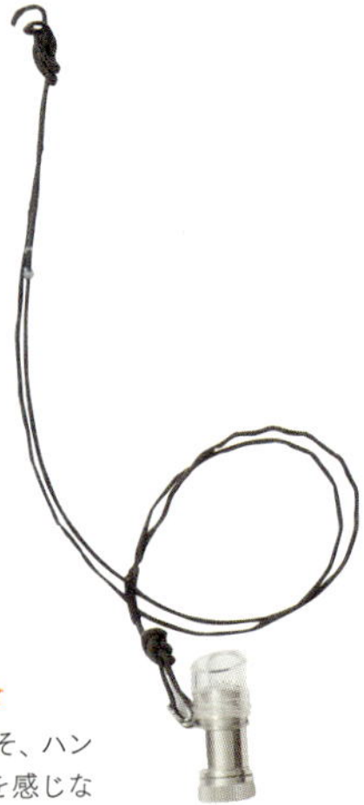

[ルーペ]

小さな宇宙を覗いてみよう

昆虫や植物が豊富なキャンプ場。小さなルーペがひとつあるだけで、もっと詳しく観察することができる。キャンプに向くのは折りたためるコンパクトなルーペ。倍率は5〜10倍もあれば十分だが、もっと拡大してみれば、ミクロの世界を体験できる。

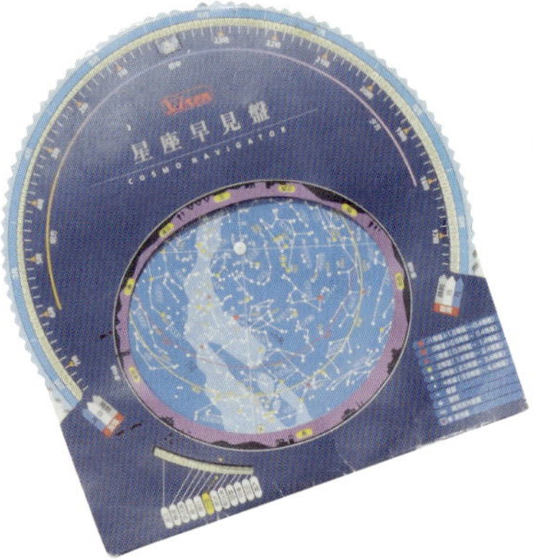

[星見表]

満点の星空を正しく知るために

キャンプの夜、街では見ることができない星の美しさに感激した人は多いはず。ただ眺めるのもいいけれど、せっかくだから星見表と照らし合わせて、星座を確認してみよう。子どもの自由研究などにも最適。スマートフォンには「星見表アプリ」もあるので、そちらを利用してもいい。

[ハンモック]

何もしない贅沢な時間を

キャンプに出かけたときこそ、ハンモックの出番。心地よい風を感じながら揺られる時間は、ふだんはなかなかできない、なによりの贅沢だ。全身が風に触れるので、暑いときの過ごし方としても最高だ。ある程度大型で、全身を覆うタイプが、いろいろな乗り方ができておすすめだ。

[釣りセット]

手軽にゆる〜く楽しむ魚釣り

キャンプの合間に手軽に楽しむのにおすすめなのが、駄菓子屋の「釣りセット」。釣り竿は、そのあたりに落ちている棒切れで。エサは朝食のパンの残りでもごはん粒でも。簡単な仕掛けだから、魚が釣れたときの達成感は大きい。針先のカエシをつぶしておくと、魚を傷つけず扱いやすい。

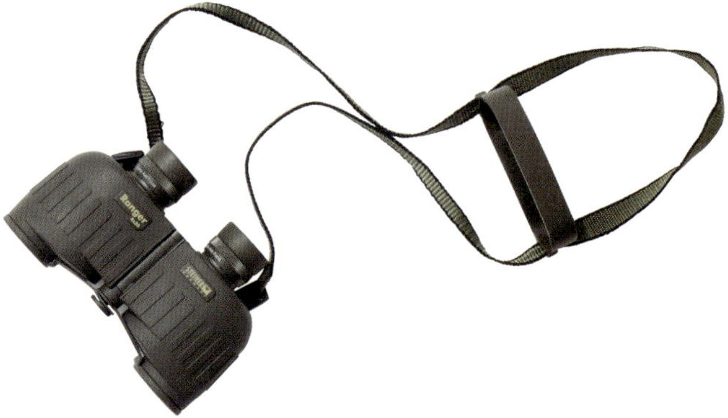

[双眼鏡]

鳥を見たり景色を見たり

野外で双眼鏡といえば、鳥を見るのが定番だし、天体観察もできる。山や海の景色を見るのだって楽しい。倍率が大きいほど拡大して見えるが、手ぶれがおきたりレンズが暗かったりと使い方が難しい。キャンプで使うなら7〜9倍のものが適している。10倍以上なら三脚を使用するとよい。

ツリーウェアと呼ばれる当て布は、スラックラインのときだけでなく、ハンモックを吊るすときにも使える。

[スラックライン]

上達すればジャンプもできる

スラックラインとは、いわゆる綱渡りのこと。専用の帯状のラインを立ち木に張り、バランスよく歩く。これがなかなかハマるのだ。達人になるとライン上で飛んだり跳ねたり、宙返りをする人も。落ちても危険のないよう低い位置にセットし、立ち木に巻くときは木肌を傷めないために当て布などを使うこと。十分な安全確認を！

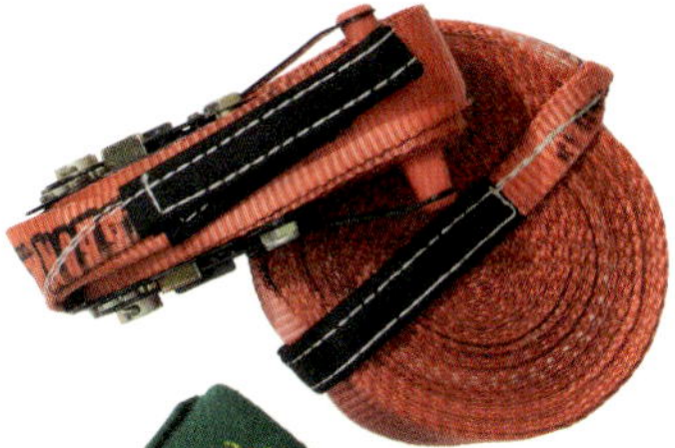

[カイト]

浜辺や草原。広い場所で思い切り飛ばしてみたい

凧を揚げる機会はあまりないが、広い場所だからこそ楽しめるカイトは、キャンプにぴったりの遊びだ。アウトドア用としてはスポーツカイトが有名で、ダイナミックさが魅力。ビニール製の洋凧なら手軽に楽しめるし、昔ながらの和凧も味わい深い。電線のない場所、足元がフラットな場所で安全に注意して楽しもう。

のんびり時間を
ハンモックで過ごそう

体をあずけるハンモックだから、正しく設置しないと危険なこともある。設置場所やその方法を知っておこう。

外へ出かけて、寝てみよう

　ハンモックは元々は熱帯地方で涼しく寝るためや、船で揺れに対応できる寝具として使用されてきたものだから、その寝心地は歴史的にもお墨つきだ。子どもは遊び場所として、大人はくつろぎの場所として、ハンモックはみんなの憧れ。自宅に取りつけたい！ という人も少なくないが、広々としたキャンプ場なら、設置しやすいし、自然の風も心地よい。

　形にはベッドのように長いタイプ、椅子のように座って使うタイプがあり、布製、網製、コットン、化繊そのほか、使われている素材もさまざまある。購入前に寝心地を確かめられるとベターだが、難しい場合も多いので、すでに持っている人に使い心地を聞いてみるといいだろう。どこでも設置していいわけではないので、設置に適した場所やその方法を知って、安全にユラユラを楽しもう。

ハンモックの種類

ブラジリアンハンモック

専用に織られた丈夫な一枚布でできたハンモック。丈夫でありながら適度な伸縮性もあり、使い込むほど体に馴染んでくる。

メキシカンハンモック

マヤ文明から受け継がれてきた伝統工芸品。伸縮性が高いので、柔らかい寝心地が特徴。現地では多くの人がベッドとして使う。

パラシュートハンモック

ベッド部分がパラシュートの生地でつくられたハンモック。軽量でコンパクトに収納できるため、持ち運びに便利。

ハンモックの正しい扱い方

木を傷めない心配り
直接木にロープを巻きつけてしまうと、人の重みで木を傷めてしまう。タオルなどで保護してあげよう。

ロープの位置は目の高さに
立ったときの目の高さにロープを巻く。高すぎると座りにくいし、低すぎると地面についてしまう。

体重をかけてみる
いきなり乗ってみたらロープがほどけた、なんてことも。安全な姿勢で体重をかけて張り具合を確認しよう。

絡まらない収納法
メキシカンハンモックなどは編み目が絡みやすくなる。収納時は左右の輪っかを交差しておけば、次使うときにすみやかに展開できる。

ハンモックの正しい乗り方

編み目を確認して座る
ハンモックの柄はただのデザインではない。座るべき中心を編み目で表しているのでよく確認しよう。

かぶって寝ると落ちません
思いっきり寝てみたら体を支えきれず落ちてしまうことも。生地を広げて包み込むように座ろう。

基本の斜め座り
木と木に対して体を斜めにして座る。木に対して真っすぐ座ると体が完全に覆われて意外と窮屈なのだ。

ゆったり派の垂直座り
ハンモックの生地は思った以上に幅広いもの。木に対して垂直に座る。実はこれが王道の座り方だ。

親子で楽しむ自然遊び

自然のなかは遊び道具の宝庫だ。石ころや落ち葉だって、
視点を変えれば立派な遊び道具になる。
子どもはもちろん、大人も童心に返って遊びまわろう！

自然の恵みで遊びつくす

自由に過ごすキャンプの時間は、大人にとってはリフレッシュできる最高の機会だが、初めて自然のなかに飛び出した子どもにとっては「何で遊んだらいいの？」と感じてしまうこともある。ここは自然遊びの大先輩である親の出番だ。きっかけさえ与えてあげれば、子どもは自然のなかのすべてが遊び道具であるとわかるはず。あとは子どもに任せておけば、大人には思いつかないような新しい遊びを発明するだろう。まずは一緒に付近を歩き回って、楽しそうなアレコレを探してみよう！

落ち葉のベッドでお昼寝？

落ち葉は、子どもたちが大好きなアイテム。踏んで破ってそのサクサクした感触を楽しんだり、きれいな色、形の落ち葉を集めたり。秋のキャンプには、ふだんは見られないほど大量の落ち葉があるので、楽しみの幅が倍増する。ここは汚れなど気にせず、思い切り潜って、落ち葉の感触と香りを全身で感じてみては？ もちろん大人もどうぞ。

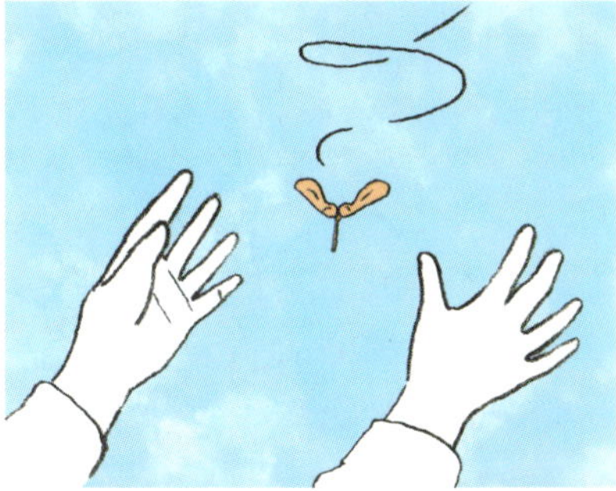

あんな形やこんな形、小さな物探し

子どもの小さな宝物といえば、メダル？ シール？ いやいやキャンプへ出かけて、周りを見渡してみてほしい。森の中なら、プロペラみたいなカエデの種や帽子をかぶったドングリ、真っ赤な木の実などなど、季節ごとの小さな宝物が発見できるはず。河原ではツルツルで真ん丸、真っ白、シマシマ模様の石ころが集められる。自然の造形のおもしろさを子どもに伝えよう。

お手伝いを兼ねて薪拾いに

ゲーム機も遊具もなくても、そこで遊ぶだけで楽しいものだが、慣れていないと退屈してしまう子どももいる。そんなときは散歩もいいけれど、せっかくだからやりがいもプラス。夜の焚火に使う薪拾いに行ってみよう。薪に向く木、向かない木を教えつつ、夜は自分で拾った薪の燃え具合をチェックしてもらう。必要なモノを見極める、たくましい子に育ってくれるだろう。

川辺のキャンプで水切り合戦

川の水面に石を滑らせるように投げる「水切り」。なかなか難しく、子どもはもちろん、大人も夢中になること間違いなし。平らな石を選んで、指で回転を掛けながら投げる。投げる方向は水面より少し上方。子どもに手本を見せるためにも、お父さんがんばって！

そこにいるだけでも楽しめる

あいにくの雨降りなど、あちこちを動きまわれないときは、目をつむって周囲の音を聞いてみよう。雨音も木の葉の擦れる音も、子どもの豊かな心では楽しい音に聞こえるはず。ふだん、なかなか体験できない「自然の音しかしない」世界は、新鮮だ。親子で音当てをしても楽しそう。

空を観察して、天気を予想しよう

空や自然を観察するのも立派な遊びのひとつ。
せっかくだから昔からいわれていることわざをもとに、
明日の天気を予想してみよう。

明日の天気がわかれば
雨や風に事前に
備えることもできる！

自然観察で天気予報

　天気のことわざ、観天望気（天気俚諺とも）は、迷信のようでいて意外に根拠があるものだ。昔から漁師や農家の人たちの間でいわれてるもの、地域に根ざしたものなど、さまざまなものがある。ここで紹介するのは、そのごく一部。これらを頭に入れて自然を観察するのはおもしろいものだ。地域や地形によっても異なるので、あくまで予想ではあるが、明日の天気がわかれば「雨が降りそうだから道具は片づけておこう」とか「冷えそうだから温かくして寝よう」などアクションを起こすことができる。遊びの延長で自然の変化にアンテナを伸ばすきっかけにもなる。

【晴れの予報】

夕焼けになったら

夕焼けが赤く見えるのは、低い位置にある太陽からの光は、大気中を通る距離が長くなり、赤い光だけが届くため。西に沈む太陽の光がきれいに赤く見えるということは、西に雲がない、空気が澄んでいるということ。日本では天気は西から崩れるから、西に雲がない＝明日は晴れ、となる。

煙が東にたなびいたら

焚火の煙が東にたなびくのは、西風が吹いているということ。冬、西高東低の気圧配置のときに西風が吹くと低気圧が列島に近づけず、晴天が続くというのが、その理由。地形によって風向きが変わるので、参考までということになるが。また、春は北風、夏は南風が晴れの兆しといわれている。

夕方、クモが巣を張ったら

明日が晴れると感じたクモが、さっそくエサを採るための巣をつくる、ということだとか。雨の日の前はクモは巣をつくらないともいう。クモの巣の天気予報としては、朝露がついたら晴れというのもあり、夜空に雨雲がなかったため朝方冷え込み朝霧が出た＝高気圧に覆われているというものだ。

【雨の予報】

高い山に雲がかかったら

富士山のように高い独立峰に笠のようにかかる雲は「笠雲」と呼ばれるもの。上空の風が強いか、空気が湿っているときに見られ、気圧の谷が接近している可能性が高い。太陽や月に笠（暈）がかかったときも、雨が降ると予想できる（温暖前線が近づいているときに起こる）。

入道雲が出たら

夏によく見られる入道雲は、正しくは積乱雲といい、上空の大気が不安定なときに出現する。強い上昇気流によって巨大になり、雲の上部が気温氷点下もの高さに達し氷の粒がつくられる。夕立程度からゲリラ豪雨のような大雨、落雷、嵐のような突風をもたらす怖い雲だ。

飛行機雲が長くたなびいたら

飛行機が飛んだ後に雲がしばらくの間、残るのは、上空の大気が水分を多く含む、湿った空気だから。低気圧や前線が近づいていると考えられる。天気は下り坂、雨になると予想できる。うろこ雲やイワシ雲と呼ばれる「巻積雲」も、天気に変化が起こるサインだ。

ツバメが低く飛んだら

湿気が出てくると蚊などの羽虫の羽根が水分を含んで、低い位置を飛ぶようになる。そして、それをエサにするツバメも低い位置を飛ぶ、というもの。トンボが低く飛ぶときも同じ。乾いた空気は視界がよいため、トンビが空高くを飛んだら晴れ、というのもある。

星がまたたくと

星がチカチカまたたくのは、上空で密度の違う空気が複雑に流れているときに起こる現象。上空に強い風が吹いている、大気が不安定な状態だ。朝気温が上がって上昇気流が起こると、その上空の大気が下がってくるため、風が強くなる、雨が降る兆しとされている。

情報収集の方法

街から離れたキャンプ地は、テレビやネットで見る天気予報のエリアから外れていることも多く、当てにならないこともある。最も近いエリアの天気予報を参考にすることになるが、確実なのは現地に直接問い合わせること。キャンプ場の管理人なら、空や風の様子、例年の傾向などからかなり的確に天気について教えてくれるだろう。米軍のサイトで台風情報を見るのもよい。また、海の天気、山の天気の専門サイトなどもあるので（有料の場合も）、それらを利用するのもいい。少し難易度は上がるが、自分で天気図を読んで天気を予想できれば完璧だ。

COLUMN 4

ハンモックのいろいろ

P91でハンモックの基本的な種類を紹介したが、他にもいろいろな種類が存在する。右下の写真は、上方にメッシュがついているタイプ。虫を寄せつけず快適に眠ることができる。上にタープを張れば雨もしのげるため、このままテント代わりにキャンプする人もいるのだ。樹林帯の登山であれば、重いテントの代わりにこれを持ち込むことでかなりの軽量化を図ることもできる。軽量化した山行を目指すウルトラライトハイキングやスピードハイクを目指す人々にも注目されている。上の写真は、専用のスタンドで自立するハンモック。木がないところでも設営できるので、キャンプ場はもちろん、自宅の庭や海辺でだって使えてしまうのだ。

スタンド式ハンモック（写真上）
木のないところでも設営できるハンモックもある。収納サイズは多少かさばるが、どこでも場所を選ばず簡単に広げることができるため、車載スペースにゆとりがある場合には持ち込みたい。

ハンモックテントタイプ（写真左）
入口は足元側の下にある。お尻を先に入れながら腰掛けてそのまま仰向けに寝て、入口を閉じればOK。ハンモックの上にタープを張って日避け雨避けをすれば完璧。夏のキャンプや登山のお供にぜひ。

PART 5

野外料理をつくろう

キャンプの醍醐味は、なんといっても料理。
皆で楽しむバーベキューや、
冷え込んできた夜に嬉しい鍋料理、
ダッチオーブンを使った鶏の蒸し焼きなど。
シンプルな調理法で、素材のうまさを味わいつつ、
豪快さや共同作業を楽しむのが野外流。
ここでは、野外料理の基本とおすすめレシピを紹介する。

【アイコン解説】

- **料理ジャンル**→4つのジャンルに分類してレシピを紹介（P98参照）
- **調理時間**→調理を開始してからの、完成までの目安の時間
- **おすすめ調理方法**→以下のアイコンで調理方法を紹介しています。

焚火／バーナー／バーベキューグリル

キャンプ料理は計画的に

キャンプならではの料理にチャレンジしたい！ でも本格料理は難しく時間がかかるもの。「一日中料理してた」なんてことにならないように、現実的な計画を立てるのが大事なのだ。

キャンプ料理は理想と現実を考えて

　キャンプといえば豪快なアウトドア料理だ。焚火をしながらダッチオーブンを吊してみたり、炭火で肉をまるごと焼いたりと、野外ならではの料理にチャレンジしたい。ここからは、アウトドアで盛り上がるおすすめレシピを紹介するので、ぜひつくってみてほしい。

　でも、そこで気をつけてほしいのが、キャンプだからといって無理をしすぎないことだ。初心者にとって難しいのが「時間の管理」。火おこしに手間取り、食材を切るのに時間がかかり……、もたもたしてたら夜になっても料理ができていないこともある。そうならないように、たとえば、夜にローストチキンなどのメイン料理をつくるなら、お昼は簡単なバーベキューにするか、いっそのことお弁当やカップラーメンにするとか。キャンプだからと気負いすぎず、チャレンジも手抜きも両方とも楽しんでいこう。

本書で紹介する4つの料理ジャンル

基本　炭火の扱い、ごはんの炊き方など、アウトドア料理における基本をしっかりとおさえておこう。

メイン　肉をまるごと焼いたり、ダッチオーブンを焚火に吊して焼いたりと見た目も派手なワイルド料理にチャレンジ。

こだわり　キャンプだからこそチャレンジしてみたい。みんなで盛り上がれるアイディアいっぱいの楽しいレシピ。

手軽　調理器具いらずのアルミホイルレシピや、コンビニ食材のアレンジレシピなど。手間なし簡単なレシピ。

食事プランを立てよう

では実際にどんな料理をつくればいいのか。
コンセプト別の3つの食事プランを参考にしてみよう。

1 サイトを離れて とことん遊びたい

キャンプでは遊びがメインで、サイトに戻るのが夜になる。そんなアクティブなキャンプでは昼食はつくらないのもアリ。夕食は翌日の朝食にもアレンジできる鍋がおすすめ。撤収後だってまだまだ遊べる。

- **昼** 現地のお店で食べたり、弁当で簡単に済ませてしまう
- **夕** みんなで手分けしてつくる鍋料理 (→P108)
- **朝** 昨晩の鍋をアレンジして雑炊に (→P108)

2 サイトでまったり くつろぎたい

キャンプ場であくせく料理するなんてもってのほか。サイトでのんびり過ごしたいなら、昼は手軽に。夕食は焚火をしながらじっくり火にかけてつくれるダッチオーブンレシピに。朝食にはちょっとこだわってみたり。

- **昼** おにぎりを持ち込んで、おつまみ(→P122)と一緒に
- **夕** 焚火を使ってダッチオーブン料理 (→P111)
- **朝** いつもみたいな定食(→P117)にチャレンジ

3 本格アウトドア料理に チャレンジしたい

今回のキャンプは料理が遊び！ というくらい、つくって、食べてを楽しみたい。そんなときは、アウトドアだからこそ楽しめる料理にチャレンジ。肉をまるごと焼いたり、段ボールで燻製器を自作するなど、とことん料理で遊び尽くそう。

- **昼** バーベキューレシピ(→P118、120)でアウトドアっぽく
- **夕** 本格カレー(P106)とローストチキン(→P102)で豪華に
- **朝** 自家製パン(→P112)と自家製ソーセージ(P114)でホットドッグ
  ※ソーセージは前日につくる

ゴミ自体を少なくする発想が大切だ

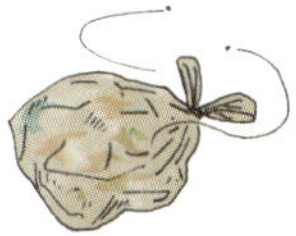

キャンプをすると、普段どれだけ自分たちがゴミを出しているかがよくわかる。ゴミ収集車が来てくれるわけではないので、当然ながら自分で処理しなければならない。だからこそ、可能な限りゴミを減らす工夫をしたいものだ。ポリ容器や生ゴミなど、一番ゴミが出るのは料理シーン。食材は前日に買い出しを行い、夜のうちに家で下ごしらえをしておくと、かなりのゴミが減らせるだろう。

キャンプ場で準備をすると、こんなにもゴミが出てしまう(写真上)。食材は事前に下ごしらえをし、タッパーや袋などに入れて持ち込もう(写真下)。

失敗しないごはんの炊き方 基本

**うまい料理には白い飯。これはキャンプだって同じだ。
でも、外でごはんを炊くのは難しいもの。
なぜなら、火を使ってごはんを炊くことになれていないからだ。
ここでは焚火でごはんを炊くときのちょっとしたコツを紹介する。**

強い火で鍋を包んで
鍋全体に均一に
熱を与える！

重要なのは火力と鍋の温度

おいしいごはんを炊く秘訣は、とにかく火力を強くすること。でも、キャンプでよくあるのが米を焦がしてしまうことだろう。当然、火を強くするだけだと、底だけに火が当たってしまう。そこで、気をつけてほしいのが、まんべんなく米に火を通すこと。コツは強い火で鍋を包んで、鍋全体に均一の熱を与えることだ。難しければフタを開けて米をかき回してもいい。蒸らしのときはフタを開けてはいけないが、沸騰しているときは開けてもOK。これだけを気をつけるだけでもおいしくごはんが炊けるはず。ここでは、その他にも知っておきたいごはん炊きのルールを紹介するので参考にしてほしい。ただし、キャンプでのごはん炊きに失敗はつきもの。失敗してもくよくよしないで、炒めたり焼きおにぎりにしたりと、リカバーすることを楽しもう。

焚火でごはんを炊く方法

1. 精米された米はぬかが少ないので、研ぐというより軽くすすぐ程度でいい。研げば研ぐだけお米の栄養を洗い流してしまう。
2. お米を大きめのボウルに入れ、2、3回洗い、水に30分浸す。特にアウトドアは環境変化が多いため、お米にしっかり浸水させる。
3. 水を一旦捨て、鍋やダッチオーブンに米を入れ、水を入れる（好みの固さにするために量を調整する。基本は米1合につき180mℓ）。
4. 焚火を炎が上がるくらい燃やし、鍋を火にかける。風の状況により鍋を何度か回し位置を変え、底面だけでなく側面にも熱を与えるように鍋を包むように火を当てる。火の当たり具合がよくない場合は、フタを開けて米を混ぜてもいい。
5. 蒸気が吹き出したら火をやや弱め、吹ききったところでしばらく弱火にかけて火から下ろす（ダッチオーブンなら余熱で炊きあがるので吹ききったら火から下ろしてもよい）。
6. 米の表面から水分がなくなったら火から下ろし10分蒸らす。炊けたら米を切るようにほぐす。

▶うまいごはんを炊く5つのルール

- 米は研ぎすぎない（旨みが失われるので）
- 普段以上にしっかりと水分を含ませよ
- 最初は強火で米を混ぜよ（フタを開けて混ぜてもOK）
- 鍋のなかの温度を均一に保つ（米にまんべんなく火を通す）
- 火を止めたらじっくりと蒸らす

ファスナーつき保存袋でごはん炊き

キャンプはもちろん、災害時にもおすすめなのがこの方法。
ファスナーつき保存袋に入れて鍋でゆでるだけで、ほっくほくのごはんの完成。

1

ファスナーつき保存袋に米1合を入れる。米と同じ量の水を入れて30分ほど放置しておく。

2

米の部分が浸るように鍋に水を入れ、沸騰させたらファスナーつき保存袋ごと投入。

3

20分ほどで炊きあがるので、そのまま5分ほど蒸らしたら完成。トングなどでお湯からあげる。

4

ふりかけを入れて、ファスナーつき保存袋のままにぎっていただくのもおすすめ。そのまま保存もできる。

すぐにゆであがる1分パスタ

パスタを事前に水に浸しておけば、ゆであがり時間はたったの1分（1.4㎜の太さなら90分ほどつける）。
燃料の節約になるのだ。伸びたりせず、それどころかモチモチの食感になるから驚きだ。

1

ファスナーつき保存袋にパスタを入れて、浸かるように水を入れる。

2

パスタが水を含んでやわらかくなる。1.4㎜の太さなら90分ほどが目安。
＊水に浸したまま冷蔵庫なら3日間は保存が可能。

3

水を含んだパスタの水気をきって、沸騰したお湯に入れる。芯に水を含んだパスタは1分ほどでゆであがる。

4

ゆであがったパスタを皿にあげる。オリーブオイルやハーブソルト、好みのソースなどと混ぜていただく。

食べる STEP CAMPおすすめ！

キャンプを盛り上げるアイディアレシピ

ここからはキャンプでチャレンジしたい、
アイディアレシピの紹介。
キャンプ料理はひとつのミッション。
協力してみんなで楽しくつくりあげよう！

肉をまるごと焼く！

こんがりジューシー！
焚火料理の王様

ローストチキン

メイン　60 min.

材料（4人前）
- 丸鶏（中抜き）…1羽
- ニンジン…2本
- ジャガイモ…4個
- 玉ネギ…2個
- セロリ…1本
- ブロコッリー…1株
- マッシュルーム…10個
- 塩・コショウ…適量
- オリーブオイル…適量
- ニンニク…3片
- ローズマリー…2束

つくり方

1 丸鶏にまんべんなく塩・コショウを多めにすり込む。数時間そのままクーラーボックスでなじませる。

2 熱したダッチオーブンにオリーブオイルをなじませ、ニンニクをさっと炒める。ニンニクを取り出し、丸鶏をまんべんなく転がして表面に焼き目をつける。

3 ダッチオーブンに網を敷き、野菜を鶏のまわりに詰める。ローズマリーは鶏の中に入れる。下は弱火でフタの上に炭を10個乗せて60分焼く。葉物野菜は残り10分くらいで投入。肉の厚い部分に串を刺して透明な肉汁が出れば完成。

丸鶏の解体方法

できあがりは豪快な丸鶏も、いざ食べるとなるとどこから切り落とせばよいかわからないもの。ここでは簡単な解体方法を紹介しよう。

1 まずは背中から切り込みを入れる。
2 もも肉のつけ根に沿ってナイフ（包丁）を入れる。関節でつながっているだけなので、簡単に外すことができる（A）。もう一方のもも肉も同様に外していく。
3 左右の手羽のつけ根に、関節部分に沿ってナイフを入れる。
4 肉を裏返してお腹側を上にする。むねの中心に、骨に沿うようにナイフを入れる（B）。
5 手羽、もも肉の切れ目から横向きに切り込んでいくと、むね肉がはがれる。むね肉をはがしたところにあるのがささみ肉。
6 背骨に沿ってナイフで削ぐようにささみ肉を外す。
7 ぼんじりなど、食べられそうなところを外していく。
8 切った肉をお皿に取り分けて完成（C）。

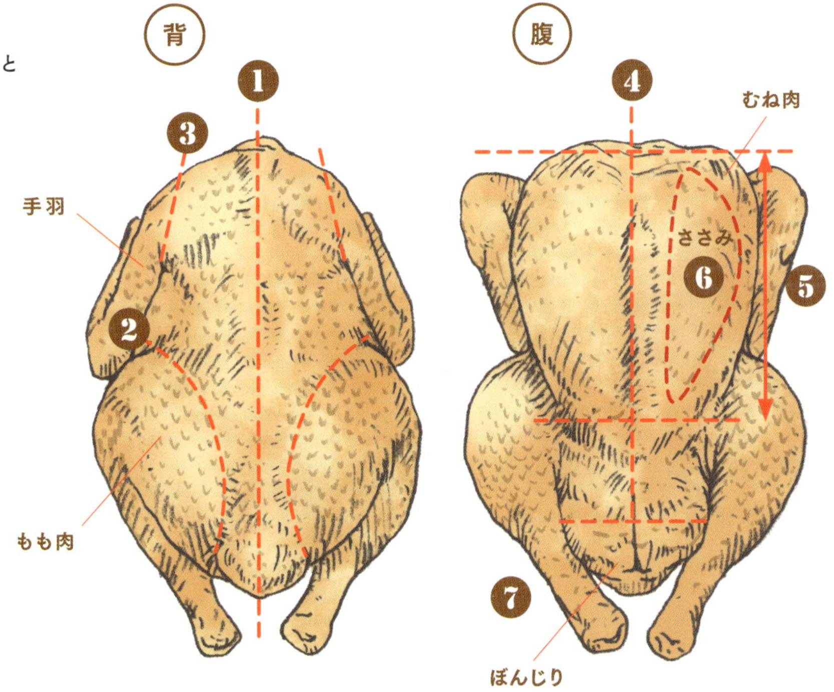

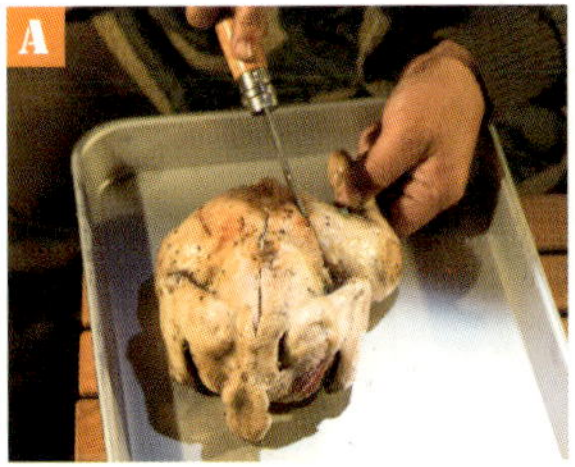
A

B

C

肉をホロホロに
なるまで
煮込む!

口の中でとろけるやわらかさ

骨つき豚スネ肉煮込み

大き目に切った
材料を鍋に入れて
焚火の上で煮込むだけ!!

材料（4人前）

骨つきスネ肉…2本
玉ネギ…2個
ニンジン…1本
ジャガイモ…2個
ニンニク…1片
赤ワイン…200㎖
デミグラスソース…1缶
塩… 大さじ2
ブラックペッパー… 適量
オリーブオイル… 適量
ベイリーフ…2枚

つくり方

1 玉ネギは皮をむき、ヘタを切り落とし、縦に¼の大きさにカットする。ニンジンはヘタを切り落とし、大きめの乱切りにする。ジャガイモは½に切る。

2 スネ肉に大さじ2の塩を刷り込む。ブラックペッパーをしっかりふる（A）。

3 ニンニクのへたを落とし、つぶして芽を取り除き、ダッチオーブンに入れて中火にかける。オリーブオイル大さじ2を加え、肉の表面をしっかり焦げ目がつくように焼く（B）。

4 切った野菜を加え、具材の顔が少し出るくらいひたひたに水を加えてフタをし、少し火を弱めて（中弱火）煮込む（C）。

5 赤ワインを別の小鍋に入れ、半分の量になるくらい煮詰め、デミグラスソースを加えてかき混ぜておく。

6 4を3時間ほど煮込んだら（D）、5を肉の入ったダッチオーブンに加え混ぜ、さらに火を弱めて（弱火）1時間ほど煮込む。

骨から
お肉がホロリと
崩れる！

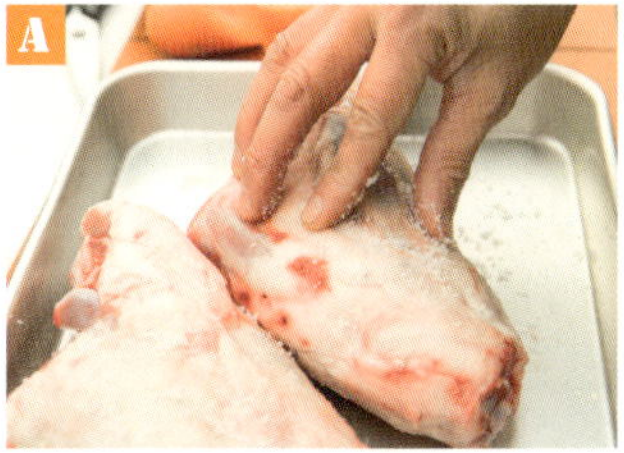

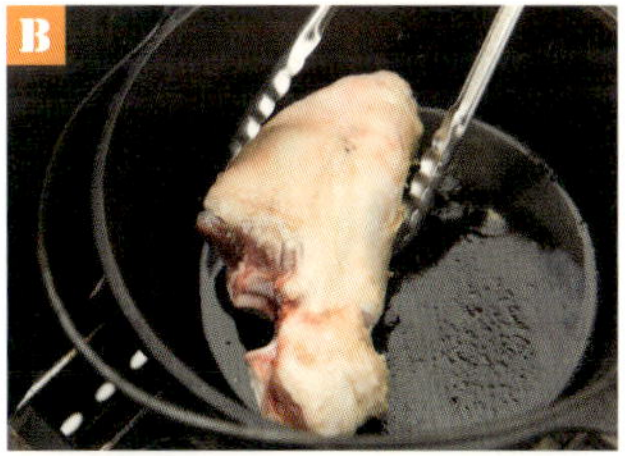

ホクホクとした
食感がたまらない

簡単豆カレー

メイン　/　20 min.

材料（4人前）

- ひよこ豆水煮…1袋
- セロリ…½本
- トマト　1個
- 玉ネギ…1個
- ニンニク…1片
- ショウガ…1片
- 白ごま油…大さじ1
- クミン…小さじ1
- カレー粉…10g
- コリアンダー…小さじ1
- 塩…適量
- ブラックペッパー…少々
- 鶏ガラスープの素…好みで

つくり方

1 ニンニク、ショウガ、セロリ、トマトを細かく刻む。玉ネギは皮をむき、芽と根を切り落としてスライスする。

2 鍋に白ごま油、クミン、刻んだニンニク、ショウガ、セロリを入れて中火で炒める。

3 トマト、玉ネギを加えて炒める。カレー粉も加える。

4 豆の水煮、水600mℓを加えて強火で煮込む。

5 コリアンダーを加え、塩で好みの濃さに調整し、仕上げにブラックペッパーをふる。好みで鶏ガラスープの素を加える。

スパイシーな香りが
食欲をそそる

チキンカレー

メイン　/　30 min.

材料（4人前）

鶏モモ肉…1枚
トマト…1個
玉ネギ…1/2個
セロリ…1/2本
ニンジン…1本
ニンニク…1/2片
ショウガ…1/2片
唐辛子…1個
塩…適宜
白ごま油…大さじ2
クミン…小さじ1
カレー粉…大さじ2
ブラックペッパー…たっぷり
鶏ガラスープの素…好みで

つくり方

1 鶏モモ肉は皮をむき、鍋に敷き入れて中弱火で熱して油を出す。トマト、玉ネギ、セロリ、ニンジン、ニンニク、ショウガ、唐辛子は細かく刻む。
2 鶏モモ肉は一口大にカットし、塩を全体にふり、鍋に入れ炒めて一旦取り出す。
3 鍋に白ごま油大さじ1とクミン、刻んだ唐辛子を入れて中火で熱して香りを出す。玉ネギ、セロリ、ニンジンニンニク、ショウガを加えて中火で炒める。
4 カレー粉を加えてさらに炒める。トマト、水600mℓくらいを加え、強火にして煮込む（水の量は好みで調整する）。
5 炒めた鶏を加えて中弱火で煮込み、塩で味を整える。仕上げにたっぷりのブラックペッパーをふる。好みで鶏ガラスープの素を加える。

カレーづくりにおすすめのスパイス

必須　調理のはじめに油で炒めて、香りを食材に移すために使われるスパイス。これがなければカレーの味にならない。

クミン

マスタードシード

香りづけ　香りづけや臭み消しなどに使われるスパイス。クローブ、カルダモンはドリンクに、ローリエはシチューやスープにも適している。

クローブ

カルダモン

ローリエ

辛味づけ　カレーの辛さを決めるスパイス。より刺激的な辛さを求めるならブラック。よりスパイシーな辛さを求めるならホワイトを。

唐辛子

ホワイトペッパー

ブラックペッパー

まんまるの食材を
はふはふと

ころころ鍋

メイン　60 min.

材料（4人前）

鶏ひき肉…400g
長ネギ…1本
ダイコン…小1/2本
ニンジン…小1本
ゴボウ…小1/2本
セリ…1束
マイタケ…1パック
ミニトマト…1パック
玉こんにゃく…1袋
皮むき里芋…1袋
うずら卵…10個
ショウガ…20g
ユズ…1個
米*…0.5合
片栗粉…小さじ2
塩…適量
ブラックペッパー…適量
しょう油…小さじ1
ポン酢…好みで
すりごま…1袋

＊米は翌日に雑炊にするならば、合わせて2合必要。

つくり方

【だまこ餅*】 ＊潰したごはんを丸めたもの。秋田県の郷土料理

1 炊きあがったごはんの半分をボウルに広げ、全体に片栗粉小さじ1、塩をふる。
2 手や木べらなどで7割ほど潰し、ゴルフボールくらいにしっかり丸める。
3 炭火かフライパンなどで、表面にきつね色の焦げ目がつくように焼く。

【鶏団子】

1 鶏ひき肉をボウルに広げ、全体にふりかけるように片栗粉小さじ1、塩、ブラックペッパー、しょう油を入れる。
2 長ネギを6、7㎝ほど、ショウガ10gほどを細かくみじん切りにする。1に加えてよくこねる。
3 空気を抜きながら、ゴルフボールくらいの大きさに丸める。

【鍋】

1 ダイコン、ニンジン、ゴボウは汚れを落とし、皮をむく。それぞれをピーラーで皮をむくように薄く切る。
2 セリは根元を切り落とし、5㎝幅に切る。長ネギは斜めに薄くスライスする。
3 ユズは半分くらい皮を薄くむき、細かく刻む。残ったショウガも細かく刻む。
4 鍋に刻んだショウガを入れ、中火で熱して軽く炒める。水かお湯を鍋の6割くらい入れる。
5 鶏団子を入れ、他の具材も順番に入れていく。煮立ったらマイタケ、だまこ餅を入れ、ミニトマト、セリは食べる前に加える。
6 取り分けたらポン酢にすりごまを入れて食べる。

鍋の残りは翌朝の雑炊に

とろーりチーズの
本格リゾット

トマト雑炊

メイン　15 min.

材料（4人前）

ころころ鍋の残り
トマト水煮缶…1缶
ブロッコリー…1株
マッシュルーム…小1パック
とろけるチーズ…100gから好みで
イタリアンパセリ…少々
ごはん*…1.5合

＊前日の残りなどでOK

つくり方

1 前日残った鍋にごはんを加え、水（鍋の7割くらい）を加えて強火で煮込む。
2 トマト缶をボウルに入れ、手で潰し、鍋に加えて混ぜる。沸騰したら中火にする。
3 ブロッコリーを小房に切り分け、マッシュルームも大きければ食べやすいサイズに切り、鍋に入れる。
4 たっぷりのチーズとイタリアンパセリを振り入れる。

（残りの鍋にダシは出ていて、チーズに塩気があるが、薄いと感じる人はブイヨンやコンソメ、塩を足す）

だまこ餅やミニトマトを
つぶしてみると、
雑炊や洋風鍋に味が変わる⁉

つくって簡単、
食べてうまい雑炊

ダッチオーブンの上手な使い方①

海の幸をチーズに
閉じ込めていただく

シーフードドリア

メイン　45 min.

材料（4人前）

エビ…8尾
ホタテ…8個
ハマグリ…8個
玉ネギ…1個
マッシュルーム…10個
インゲン…2本
バター…20g
小麦粉…50g
牛乳…500mℓ
ブイヨンキューブ…2個
サフラン…小さじ1
ナツメグ…小さじ1/2
とろけるチーズ…約50g
パン粉…20g（好みで）
米…3合
塩…適量

つくり方

【準備～サフランライスを炊く】

1 玉ネギの皮をむき、芽と根を切り薄くスライスする。マッシュルームは半分に切る。インゲンのヘタを落とし、3等分に切る。エビは皮をむき背わたを取って洗い、ホタテと共に塩を全体にふる。ハマグリは洗っておく。

2 米を軽く洗って水に浸ける。シェラカップなどの小鍋でお湯を100mℓ沸かし、ブイヨン1個、サフランを加えて色と香りを移す。

3 米をダッチオーブンに入れ、3合分の水と戻したサフランを加える。フタをして強火にかけ、沸騰したら中火にする。約6、7分でほぼ炊きあがり。弱火にして2分。火を止めて5分蒸らす。

【ホワイトソースをつくる】

4 別の鍋にバター10g、エビ、ホタテを加えて炒め、火が通ったらいったん器にあけて、さらにバター10g、玉ネギを入れて透き通るまで炒める。

5 ハマグリとブイヨン1個、水を具材の顔が少し出るくらいひたひたに入れ、中火で煮込み、ハマグリが開いたら殻を取り出す。エビとホタテを加えて煮込む。

6 インゲンを鍋に加える。小麦粉をボウルに入れ、牛乳50mℓとナツメグを加え、よくかき混ぜてクリーム状にして、残りの牛乳を加えて鍋に入れる（A）。

7 **5**に**6**を少しづつ加えてゆっくりかき混ぜ、とろみをつける。とろみが固いようなら牛乳を足す。

【ドリアを焼きあげる】

8 炊き上がったサフランライスの上にかけて、たっぷりのチーズ、好みでパン粉をのせる（B）。フタをして火のついた炭を8個くらい乗せて表面を約10分、好みの焼き具合まで焼く（C）。

A

B

C

ダッチオーブンは鍋としても使えるが、高い蓄熱性とフタに炭を乗せられる機能を活かして、オーブンとして使ってこそ最大限に能力を引き出せる。表面はサクサク、中はアツアツトロトロに焼きあげるドリアは絶品。

ダッチオーブンの
上手な使い方②

フカフカの焼き立てがうまい

丸テーブルパン

メイン　200 min.

材料（4人前）

パン用小麦粉…300g
ドライイースト…1袋（6g）
砂糖… 大さじ2
卵…Mサイズ1個
牛乳…120mℓくらい
水…50mℓ
塩… 小さじ1

フワフワモチモチ！
パンは焼き立てが
一番おいしい！

つくり方

【生地をつくる】

1 小鍋で水50mℓを火にかけて、40度くらいのぬるま湯をつくる。ぬるいお風呂くらい。

2 小さいボウルにドライイーストと、ひとつまみの砂糖を入れ、ぬるま湯を加えて混ぜる。プクプクと泡立ち、予備発酵が始まる。5～10分で予備発酵が完了。

3 他の小さいボウルで卵を溶いておく。大きめのボウルに小麦粉、残りの砂糖、塩を加えて混ぜる。卵も加え、さらに混ぜる。

4 3に予備発酵させたイーストを加え、牛乳を少しずつ加えながらまとまるまで（10～15分）こねる（A）。牛乳を入れ過ぎたら小麦粉を加えて調整する。

【生地を発酵させる】

5 生地が手につかなくなるまでまとまったら両手で持って、親指のつけ根で外側に開くようにし、丸めてひとまとめにする。ラップをして暖かいところで30分くらい発酵させる（1次発酵）。

＊夏ならば日陰に、冬などの寒い季節なら毛布やシュラフで覆うか、車内のフロントガラス近くの日の当たるところに置いて発酵させるといい（B）。

6 2倍くらいの大きさに膨らむので、生地を押さえてガス抜きする。5つに分けて丸くまとめ、少量の小麦粉を振ったバットなどに並べる。ラップをして発酵させる（2次発酵）。さらに30分くらい待つ。

【パンを焼く】

7 生地をガス抜きして丸くまとめたら、クッキングペーパーを敷いたダッチオーブンに並べる（C）。フタをして、フタに炭を10個くらい、下に4個くらい置いて上下から15分ほど焼いてできあがり（写真では小さい鉄鍋に並べ、ダッチオーブンに入れて焼いている）。

ダッチオーブンなら、パンだって焼ける。生地をつくって発酵させるところからスタートするので待ち時間はかかるけど、やってみると意外と手間がかからない。こんがりとした香りと、焼き立ての食感が手づくりの醍醐味だ。

燻製料理はキャンプの醍醐味！

自家製ソーセージ

こだわり　/　200 min.

材料（4人前）
牛豚ひき肉…500g
羊腸（装着ガイドつき）…1個
塩…小さじ1
ブラックペッパー…小さじ2
ナツメグ…小さじ1
しょう油…大さじ1
＊羊腸は業務用精肉店やネット通販などで入手可

用意するもの
口金…1個
絞り袋…1枚
温度計…1本
＊ソーセージメーカーがあると便利

113ページでつくった
パンにはさんで
手づくりホットドッグに!!

つくり方

【腸詰め】

1 羊腸をプラスチックの装着ガイドとともに、水に15分浸けておく。塩漬けなので塩分を取り除くため（A）。

2 材料をボウルに入れてよく混ぜる。このとき温度は10度以上にならないようにする（B）。

＊温度が上がってしまうと、火を入れたときにひき肉が固まらず仕上がりがぼそぼそになってしまう。温度が上がった場合は、腸詰め前に一度冷やしてから再開するとよい。写真（C）では材料に氷を入れて冷やしながら混ぜている。

3 絞り袋に口金をセットし、口金に羊腸を差し込む。羊腸は、ガイドをたわませてゆっくり入れる（D）。

4 こねたひき肉を3回分に分けて絞り袋に入れ、羊腸を少し引き出し、肉を少し絞り出す。空気を抜いて先端（Eの矢印の部分）を結んでから本格的に肉を絞り出していく。

5 肉を絞り出しながら羊腸を先に送り出し、ゆっくり腸詰めしていく（E）。これを繰り返す。最初は慣れないが、焦らずゆっくり作業を進めるのがポイント。少しずつやっていくと慣れてくる。

6 空気が入ってしまったところは爪楊枝などで刺して空気を抜く。好きな長さのところで、羊腸をくるっとねじってソーセージの形にしていく（F）。

【ボイル】

7 鍋にお湯を沸かし（沸騰する手前の70～80度くらい）、約15～20分くらいゆでる。

8 ゆであがったら、キッチンペーパーなどで水分を取って乾かす。できれば1時間以上。これでソーセージの完成。このまま食べても、焼いてもよい。116ページではスモークソーセージのやり方を紹介する（114ページの写真はスモークしたソーセージ）。

A

B

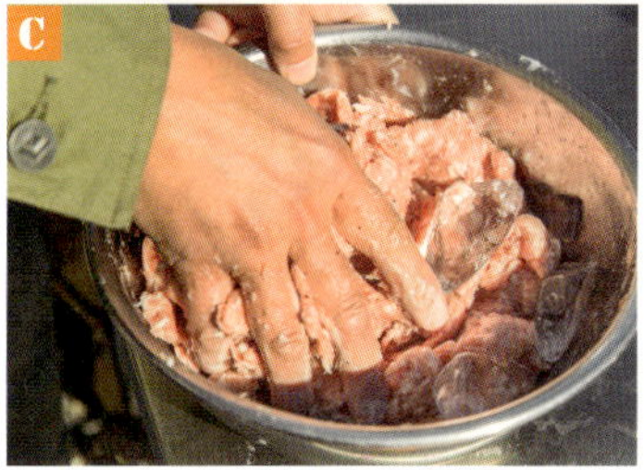
C

D

E

F

自家製ソーセージ（P114）をスモークする

スモーカーはわざわざ買わなくても、身近な段ボールで手づくりすることができる。スモークチップで燻《いぶ》されたソーセージは、お酒のつまみにもぴったり。

用意するもの

ダンボール…1個
（ここでは縦約70cm、横約30cm、高さ約40cmのものを縦置して使用）
ワンバーナー…1台
スキレットもしくは鉄製の鍋など
スモークチップ…1～2カップ

＊ソーセージにはすでに火が通っているので、煙をかけて香りと色をつけるだけ、いわゆる冷燻でOK。さらに熱を加える温燻をする場合は、空間を狭めるため縦が50cmくらいの箱にする。

燻製の手順

1 ダンボールの片側をガムテープなどで閉じる。縦に置いたときに下になる側面を切り落とす（A）。
2 バーナーを箱内にセットし、スキレットを乗せる（B）。
3 箱の横から、菜箸か金串などを2本差し込む（C）。
4 ゆでて乾かしたソーセージを吊るす。スキレットにスモークチップを半分入れる（D）。
5 中火でスモークチップを発火させる（E）。煙がモクモクしてきたら、中弱火にし、箱を閉じて15分くらい燻煙する。チップは途中で様子を見ながら足す。

和定食で迎えるキャンプの朝

紅鮭の炭火焼き

こだわり 10 min.

材料

鮭…4切れ
塩…適宜

つくり方

1 中火の炭火で両面程よく焼く。

カブの漬け物

こだわり 5 min.

材料

カブ…2個
塩…小さじ1～好み

つくり方

1 葉を切り落とし、よく洗い、4㎝くらいに切る。
2 カブは半分に切り、5㎜くらいにスライスする。
3 ボウルに入れ、塩をふり和える。

具沢山豚汁

こだわり 30 min.

材料(4人前)

豚バラ…150g
ダイコン…小1/4本
ニンジン…小1本
ゴボウ…1/2本
長ネギ…1/2本
玉こんにゃく…150g
セリ…1本
味噌…50～60g
ショウガ…適量
白だし…大さじ1
油…大さじ1

つくり方

1 ダイコン、ニンジンの皮をむき（気にならなければむかなくてもOK）、ゴボウはよく洗う。それぞれ小さめの乱切りにする。長ネギを斜めにスライスし、ショウガは刻む。豚バラは厚めの短冊切りにする。
2 鍋を中火で熱し、油、豚バラを入れ、焦げ目がつくくらい炒める。ショウガを加えさらに炒める。
3 切った野菜も加え、さらに炒める。こんにゃくを加え、具が隠れるくらい水を入れ、白だしを加えて20分くらい煮込む。
4 スライスした長ネギを加え、味噌を溶いて入れる。最後に玉こんにゃく、セリを加えてできあがり（好みで豆腐やきのこを加えてもよい）。

野外でほっこり、日本の朝ごはん
炭火で焼きあげた鮭が香ばしい

いつものバーベキューを特別に！

魔法のソースレシピ

焼き肉のタレのバーベキューにはもう飽き飽き。そんな人におすすめしたいのが、手づくりソース。
市販の調味料に一味加えるだけで、手軽に本格的なソースがつくれるのだ。

こだわり

市販のソースから卒業！
オリジナルの味を
楽しもう!!

マヨグルトソース

焼いた魚や生野菜に

材料

マヨネーズ…50mℓ
ヨーグルト…50mℓ
おろしニンニク…小さじ1/2
塩…ひとつまみ
ブラックペッパー…少々

マスタードクリームソース

焼いた魚などに

材料

粒マスタード…大さじ1
生クリーム…50mℓ
マヨネーズ…大さじ1
塩…適量
ブラックペッパー…適量

ジンジャーBBQソース

焼いた肉や魚に

材料

ショウガ…20g
しょう油…50mℓ
玉ネギ…1/4個
バルサミコ酢…小さじ1

＊ショウガと玉ネギはみじん切りにする。
また、一晩置いて味をなじませるとよい。

フレッシュサルサソース

焼いた肉や魚に

材料

トマト…1個
赤玉ネギ…小1/2個
セロリ…10g
イタリアンパセリ…数枚
塩…小さじ1
ブラックペッパー…適量
酢…大さじ1

＊トマト、赤玉ねぎ、セロリ、イタリアンパセリは細かく刻む。

スキレットなら
驚くほどおいしく
肉が焼ける

ビーフ&
ポテトソテー

手軽 / 20 min.

材料（4人前）

牛モモ肉…300g
ジャガイモ…小6個
ブロッコリー…1/4株
塩…適量
ブラックペッパー…少々
オリーブオイル…大さじ2

つくり方

1 ジャガイモをよく洗って1/2にカットし、ブロッコリーは小分けにする。
2 スキレットにお湯を沸かし、ブロッコリーは1分、ジャガイモは7分ゆでて取り出し、お湯は捨てる。
3 肉は一口大に切り（A）、塩、ブラックペッパーをまんべんなくふる。
4 スキレットにオリーブオイルを入れて中火で熱し、ジャガイモの切り口側を下にして焼く。このときしっかりきつね色に焦げ目をつけて、パリッと焼く。塩を全体にふる。
5 スキレットに肉を加え、表面をしっかり焼く。焼き過ぎて中まで火が入ると、硬くなってしまうので注意。
6 肉に焼き色がついたらブロッコリーを加え、好みの固さになるまで炒め、全体をよく和える。

並べて焼くだけ！バーベキューの名脇役

ホイルで蒸し焼き3種

手軽　15 min.

白身魚とキノコの蒸し焼き

材料

- タラ…ひと切れ
- エノキ…1/5株
- しめじ…1/5株
- 日本酒…大さじ2
- 塩…適量
- バター…大さじ1
- レモンスライス…1枚

ウィンナーとトマトの蒸し焼き

材料

- ウィンナー…2本
- カットトマト缶…1/4
- オレガノ…小さじ1
- 玉ネギ…1/6個（みじん切り）

豚バラとアスパラのわさび醤油風味の蒸し焼き

材料

- 豚バラ…2枚
- アスパラ…2本
- ネギ…1/3本
- クレイジーソルト…適量
- ブラックペッパー…適量
- しょう油…大さじ2
- ワサビ…小さじ1/2

つくり方

1. アルミホイルを食材が包める大きさにカットする。
2. アルミホイルの中にオリーブオイルを薄くぬり、具材を入れてアルミホイルを閉じる。
3. 落ち着いた炭火で10分程度、蒸し焼きにすればできあがり。

十分な食材調達ができなかったときの

コンビニ食材でお手軽2品

手軽　10 min.

コンビニおにぎりのクリームリゾット

材料

鮭おにぎり…2個
シーチキン…1/2缶
マッシュルーム…3個（缶詰でも可）
牛乳…150mℓ
ホワイトシチュー…大さじ2
とろけるチーズ…2枚

つくり方

1 おにぎりをほぐす（のりとしゃけを取り分けておく）。
2 鍋に牛乳を入れて沸騰させ、シーチキンとホワイトシチューのルーを入れる。マッシュルームとほぐしたごはんを入れる。
3 とろけるチーズを入れてかき混ぜ、取り分けた鮭を上に乗せればできあがり。好みでのりを散らす。

食パンでこぼこピザ

手軽　10 min.

材料

食パン…1枚
シメジ…1/5パック
ベーコン…100g
とろけるチーズ…1〜2枚
ケチャップ…大さじ2
オリーブオイル…大さじ1
タバスコ…好みで
一味唐辛子…好みで

つくり方

1 熱したフライパンにオリーブオイルを入れ、ちぎった食パンを少し焦げ目がつくまで焼く。器に移してケチャップをかけておく。
2 フライパンにオリーブオイルをひき、シメジ、刻んだベーコンを炒め、チーズを加えて絡めるように炒める。
3 2を器に盛ったパンの上にかけ、タバスコ、一味などをかけてできあがり。

コンビニ食材でつくる！

メイン料理までのスピードメニュー

ささっとできる簡単おつまみ4品

簡単にできて
お酒のおつまみ
にも◎

ウインナーとキノコのガーリックソテー

手軽　5 min.

材料

ウインナー…6本
マッシュルーム…4〜5個
ニンニク…1/2片
オリーブオイル…大さじ1
ブラックペッパー…適量

つくり方

1 ニンニクはみじん切りに、マッシュルームは半分にカットする。ウインナーは半分にカットしてもいい。
2 熱したフライパンにオリーブオイルをひき、ニンニク、ウインナー、マッシュルームを炒め、ブラックペッパーをふる。ウインナーに火が通ったらできあがり。

タコのマヨネーズ和え

手軽　5 min.

材料

ゆでダコ…200g
ネギ…2〜3本
マヨネーズ…大さじ3
一味唐辛子…適量

つくり方

1 タコを2cmサイズ位の食べやすい大きさに乱切りにする。ネギは小口切りにする。
2 タコとネギをマヨネーズで和え、一味唐辛子をかけてできあがり。

しらたきと明太子の炒め和え

手軽　10 min.

材料

しらたき…100g
明太子…2腹
サラダ油… 大さじ2
しそ… 好みで

つくり方

1 湯通ししたしらたきを食べやすい長さに切る。明太子は皮をはぐ。
2 熱したフライパンにサラダ油をひき、しらたきと明太子を炒めながら和える。
3 しらたきの水分がなくなり、明太子に火が通って白っぽくなったらできあがり。好みでしそを添えて。

ちくわのカレー揚げ

手軽　15 min.

材料

ちくわ…10本
天ぷら粉または
　小麦粉…30g
水…50mℓ
カレー粉…30g
塩・コショウ… 適量
サラダ油… 適量

つくり方

1 ちくわを縦半分に切り、さらに横半分に切る。
2 天ぷら粉と水にカレー粉をといて、塩・コショウを加え、ちくわにからめる。
3 **2**を揚げ油に入れる。ちくわが少し膨らんできたらできあがり。

蓄熱性の高い
ダッチオーブンなら
少量の油でも十分!!

王道ダッチオーブンスイーツ！

シナモン風味の焼きリンゴ

手軽　30 min.

材料（4人前）

リンゴ…3〜4個
干しぶどう…適量
シナモン…適量
砂糖…適量
バター…適量
ラム酒…適量

つくり方

1 シナモン、砂糖、バターを合わせてシナモンバターをつくる。
2 リンゴは底を抜かないように芯をくり抜き、抜いた穴に**1**と干しぶどうを詰め、ラム酒を振りかける。
3 ダッチオーブンにアルミホイルを敷いて、その上に**2**を並べる。
4 フタをして下は弱火、上は中火にする。30〜40分焼く。皮にしわがよってきたら食べごろ。

甘くて柔かなトロトロ食感が美味

焼きバナナの マスカルポーネ添え

手軽　15 min.

材料（4人前）

バナナ…2本

マスカルポーネチーズ…1/2

チョコレートソース…好みで

バター…20g

グラニュー糖…大さじ1

ラム酒…大さじ1

シナモンスティック…1本

クローブ…4、5個

つくり方

1 バナナの皮をむき、横半分に切ってさらに縦半分に切る。

2 スキレットを中火にかけ、バターを入れて鍋底全体になじませてから、少し焦げ目がつくようにバナナを炒める。

＊フライパンでもいいが、蓄熱性の高いスキレットなら中心までじんわりと火が入る。

3 グラニュー糖を振り入れ、ラム酒、シナモン、クローブを加えて中弱火で煮る。

4 器に盛り、マスカルポーネチーズを添えてチョコレートソースをかければできあがり。

炭の種類と 失敗しない着火の仕方

基本

炭はバーベキューや煮込み料理など、幅広く使える燃料。炭を種類ごとに使い分け、扱い方をマスターすることで効率的にうまい料理をつくることができる。

なら材の切炭が断然おすすめ

炭といえば備長炭というイメージがあるが、アウトドアではあまりおすすめできない。備長炭は炭のなかでももっとも火つきが悪く、初心者には扱いが難しい。そこでおすすめなのが、なら材の切炭。火つき、火力ともに申し分なく、においもなく、ほとんど爆ぜることもない。入手しやすい岩手県産の切炭なら、形が6㎝程度の均一に整えられておりとても扱いやすく、バーベキューやダッチオーブン料理に最適だ。道具にこだわる人でも、炭選びを軽視している人が多い。炭によって火つきや火持ちが異なるので、その特徴を理解して使い分けることが重要だ。

黒炭（切炭）

着火しやすく、すぐに高い温度が得られるので扱いやすい。においや煙も少なく、肉や魚をおいしく焼きあげることができる。

火つき：★★★★
火持ち：★★★
火　力：★★★★★

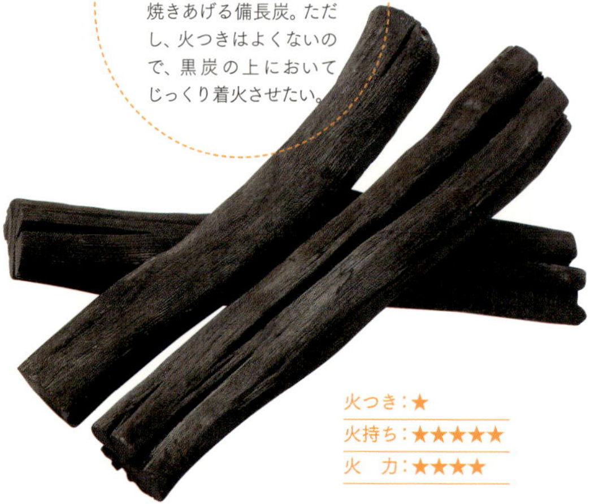

白炭（備長炭）

長時間燃えるため、じっくりと肉や魚をおいしく焼きあげる備長炭。ただし、火つきはよくないので、黒炭の上においてじっくり着火させたい。

火つき：★
火持ち：★★★★★
火　力：★★★★

オガ炭

形が整っているため扱いやすいが、火力が弱く火つきもそこそこ。扱いにくいのは、燃えた後に大量の灰が出ること。安価だからとはいえおすすめできない。

火つき：★★★
火持ち：★★
火　力：★

失敗しない着火の仕方

1

炭でピラミッドをつくる

形が同じで積みやすい黒炭をピラミッド状に積んでいく。その中央部に着火剤を入れる（写真では見えないが、1段目の炭の中央部にも着火剤が入っている）。

2

着火剤に火をつける

着火剤を包むように炭を積んでピラミッドを完成させたら、隙間からライターなどで着火剤に点火。炭全体に炎があたっているのがわかる。

3

煙突効果で火がよく回る

炭のピラミッド構造が生む空気の流れ（煙突効果）のおかげで火がよく回る。炭全体が十分に赤く焼けたらOK。

炭の置き方

できあがった炭は全面に並べるのではなく、端に炭を置かない場所をつくる。焼きあがった食材をこちらに並べればコゲなくてすむ。

火の消し方

水を張ったバケツへ

水を張ったバケツに炭を入れる。沈んでしばらくは蒸気を発するが、浮かんできたら火が消えた証拠。コンロに水をかけて消火させるのは危険なのでNG。

火消しツボにしまう

火消しツボに入れてフタをすれば、酸素がなくなり消火できるので、安全に持ち帰ることができる。入れた直後はツボ自体が熱を持っているので注意して。

▶炭はなぜ爆ぜる？

炭にある無数の小さい穴が、製造過程で高温になり密閉されることがある。それを使って火おこしをすると、熱によって穴のなかの空気が膨張し爆ぜるのだ。また、炭は水分を吸収する性質があるので、長く補完していた炭は爆ぜやすい。

▶着火剤には固型タイプのものを

炭と同様、着火剤選びもおろそかにしてはいけない。ここでおすすめしたいのは木材繊維質に灯油を染み込ませたタイプの着火剤。「文化たきつけ」「ベスター」の名で売られている。

▶便利な火おこし器もある

同じく煙突効果を利用して炭を燃やす火おこし器なるものもある。火おこし器の中に炭を入れて、下から火をつけるだけで炭に着火できる。形が不揃いで積み上げられない炭にはもってこいだ。

COLUMN 5

食材調達は“道の駅”で。その土地のものを食べる

キャンプでの食材調達はいつ行うべきか。P99でも紹介したように、ゴミを減らすためにも出発前に購入しておいて仕込みを済ませておくのが賢い方法だ。しかし、せっかくキャンプへ行くのならば、現地ならではの食材で調理を行うのも醍醐味。だからといって現地のスーパーに行っても、流通の発達した現代では結果的に置いてある商品は都心部と変わらないことも多い。

そこで現地で立ち寄りたいのが「道の駅」だ。今では全国に1,000カ所以上もある道の駅を、キャンプ場までの道中で見つけることはそう難しくはないはず。そこにはその地域で収穫された野菜や加工品が並び、中にはその日の朝獲れたものが売られている。流通コストがかからない分比較的安価で手に入れることができるのだ。

また、地元にある市場も魅力的な場所。こちらも新鮮な食材が並び、魚や肉などは、丸ごと一尾や塊で手に入れることができる。購入したらクーラーボックスでしっかりと保冷して運ぼう。ただし、買い物に熱中しすぎるあまり時間を忘れてしまわないように。

このほか、イベントで収穫体験を催しているキャンプ場もある。自分で収穫した野菜をその日にそのまま調理するのも楽しみのひとつ。子どもへの食育にもなるだろう。これは釣り体験のできるキャンプ場でも同様だ。日頃手に入る食材でも、野外で調理すればなんだっておいしいもの。でも、普段は見られないその土地の食べ物を旬に合わせて食べるのも、現地で調理をするキャンプならではの楽しみ方なのだ。

PART 6

キャンプのススメ

ここからは、監修者であるSTEP CAMPのひとり、
寒川さんがナビゲーター。

自然の中で過ごすことの大切さや、
道具選びのコツ、おすすめのアウトドア書籍、
とっておきのキャンプ場などを紹介してもらおう。

便利な道具に囲まれた日常から離れて、
不自由な自然の中に身を置いてみる。それがキャンプ。
どうして、不便なのに気持ちが高揚したり、
癒されたりするのだろう？

その答えが少しでもわかるかもしれない。

キャンプのススメ　人の営みの本質を自然に学ぶ

僕らに自然が必要な理由

自然に向かおうという気持ちが大切

僕は今、三浦半島に住んでいる。目の前には相模湾が広がり、振り返ればすぐそこに里山がある。カヤックで漕ぎ出せば無人島にも行けるし、沢伝いに遡れば名も無い滝にも出会えたりする。そしてその気になれば高層ビルの立ち並ぶ都心にだって1時間強もあればアプローチできるのだ。

そんな地理環境をいかして「サボりツアー」なるものを開催した。それは都会に疲れた人を三浦の優しい自然で癒そうというコンセプト。実際に参加する方の大半はアウトドア未経験者で、ごく普通の出で立ちだったりする。(着替えと足元だけはしっかりお願いしますが)それでいいのだとおもう。

まずは自然に向かおうという気持ちを大切にしたい。アウトドアは文字通り、扉の外に広がっていることやもの。そこに飛び出すための道具であり、キャンプであるのだから。僕はなるべく多くの人に自然の中に踏み込んでもらえるような仕掛けを用意する。それは焚火であったりハンモックであったり。好奇心はどんな動機にも上回る。やってみたいことから入ると想像

車ではいけない最高のテント場へ。僕の中では天国に一番近いキャンプ場(立山、雷鳥沢キャンプ場)。

以上に簡単で、自然はすんなり迎え入れてくれるもの（初めてのアウトドア体験は道具の充実よりガイドつきのツアーに参加することをすすめる）。

キャンプは家族のありがたみを再認識させてくれる

心地よさや楽しさを感じたなら、もう少し長く自然の中に身を置く手段として、キャンプをはじめてみよう。キャンプ好きな友人がいるなら、便乗してみるのもいいだろう。装備はできるだけシンプルに、少し足りないくらいがちょうどいい。何が必要で不要なのかも見えてくるし、多少の不便は人に五感が備わる理由を教えてくれる。あまりに便利になり過ぎた日常生活を見直すきっかけにもなるだろう。自然は僕らの暮らし方のバランスをとってくれる存在なのだ。

大勢の仲間たちとワイワイ行くキャンプも楽しいだろう。しかし、少し慣れてきたらパートナーや家族と行くキャンプがいい（もちろんソロも）。より静かに、深く自然の懐に身が置けるから。自然の中では人間はか弱い生き物で、暗闇を恐がり、他の生き物の存在に怯えるものだ。そんな中をテントで一晩過ごすのは、家族という互いの存在や有り難みを再認識させてくれるだろう。そこで得る経験や知恵は自らを生かし、人を助けるものになる。自然は僕らに美しい営みを見せてくれるだけではなく、人が人らしく生きていくことを「自然に」教えてくれる。

ね、自然って凄いでしょ。こんなにも身近で、完成している仕組み（システム）はどこにもないぞ。

焚火は人と人、人と自然を近づける最高のツールだと思う。

ハンモックを携えて、最高の昼寝場所を探す『ハンモックハンティング』。このときは花見もかねた。

キャンプのススメ　アウトドア原体験

キャンプは生き方を教えてくれる

家のふとん以外で、寝たい それがはじまりだった

初めてはどんなことにもつきもの。僕のキャンプ初体験は、中学時代の夏休みに同級生何人かと瀬戸内の島へ出かけたものだった。キャンプ場でもない浜でボーイスカウトだった仲間のひとりが持ち込んだ三角テントに、収容人数を越える中2男子がひしめき合って何日も過ごした。当然、キャンプ道具も乏しく、茶碗や懐中電灯など家庭からそのまま持ち寄ったものが大半だった記憶がある。食料が尽きたと同時にそのキャンプは幕を閉じた。

それは14歳の自分にとって強烈な体験となる。家族と離れて外で寝るという非日常感、自分たちで食事をまかなう独立心、仲間たちとの連帯感……。いつもの平凡な毎日から、いとも簡単に解放してくれたのが「キャンプ」だった。

僕はキャンプに取り憑かれ、小遣いを貯めたりアルバイトをしては道具を少しづつ買い足していった。最初に買った道具はコッフェルと折りたたみ式のランタンだったかな。アウトドアショップなど当然なくて、地元のスポーツ品店がいきつけだった。

▶もっと自然に近づくためのキャンプの本

メイベル男爵のバックパッキング教書
田渕義雄、シェリダン・アンダーソン
（晶文社）

アウトドア本のロングセラー。80年代の用具が数多く紹介されていたり、イラストが多用されていて読みものとしても楽しい。時代が一巡りして、今にフィットする内容かもしれない。独特のユーモアやいい意味でのいい加減さはアウトドアの本質をついている。時代変われど、そのエッセンスは受け継ぎたいもの。

The Outsiders -The New Outdoor Creativity
（Die Gestalten Verlag）

素晴らしい自然の中で遊ぶ人たちと、その道具を美しい写真とレイアウトで綴ったアートブック。成熟したアウトドアのさまざまな遊びが紹介されており、これまでのアウトドアという言葉の定義をも変えるドイツの名書。

バックパッキング入門
芹沢一洋
（山と渓谷社）
まだアウトドア道具や情報が少なかったころの僕らの教科書。ライフスタイルとしてのバックパッキングの精神を説いたバイブル的な存在。時代を超えた内容はいつ開いても新鮮だ。

オン・ザ・ロード
ジャック・ケルアック
（河出書房新社）
作者が自らの放浪体験を元に書き上げた自伝的な小説。旅先で読むもよし、今しかできない『旅』に出たくなる一冊。映画化もされた。

高校生になってからは自転車にキャンプ道具を積み込んで、いろいろなところに1人で出かけるようになった。初めて1人でテントを張った夜、雷雨に見舞われ帆布でできたテントはみるみる水を吸って内側に垂れ下がり、そのうち床が水浸しに。薄暗い明かりと冷たさと心細さでほとんど眠れなかった。翌朝、テントを出たときの朝陽の眩しさがいまも忘れられない。それで吹っ切れたのか、その後は2週間以上キャンプ旅行を続けた。

旅先で出会った大学生と一緒にテントを並べ、焚火の前で語りあったりもした。大人の仲間入りができたような、いい気分だった。大学生が持っていたコンパクトで格好いい道具（主に海外製品）に触れて以来物欲に目覚め、ますますバイトと自転車旅行に明け暮れ、高校の3年間もあっという間に過ぎ去った。

キャンプは人を解放し生き方のヒントをくれる

多感な時代に夢中になったことはいつまででも心の奥に横たわる。今でもそのときのことを想うと、熱いものがこみあげてくる。

僕を解放し、大人にしてくれたキャンプ。自然の素晴らしさや家族や仲間の有り難さを教えてくれたキャンプ。これからの生き方のヒントを与えてくれたキャンプ。キャンプは最高の兄貴であり、先生なのだ。これからもお世話になります、キャンプ!!

キャンプのススメ ▶ 道具がつくり出すグラデーション

今しかできないキャンプをしよう

独身時代は
1人用テントで
結婚してテントは
2人用に

キャンプ道具は 年齢とともに移りゆく

気がつくとキャンプをはじめて40年近く経っていて世間からはすっかり「オヤジ」と呼ばれる世代になった。机の周りを見渡すと、新旧入り交じった道具たちが山と積まれている。アウトドアの道具はお役御免になってもなかなか捨てられないものなのだ。

例えばテント。手元には1人用から10人用まで10張り近くある。通常使うのは最近手に入れた2人用だけれど、それ以外はこの四半世紀の間に移ろった僕の歴史そのものだ。1人用テントを愛用していた独身時代、結婚して2人用になり、子どもが生まれ4人用を導入、仕事で人をキャンプに連れていくことが増え10人用まで膨れあがる。そこをピークに折り返し、今はまた2人用に戻ったという次第（いずれ1人用になるのだろうが）。

子どもが小さくても、時間がなくても、キャンプは寛容だ

今ではどちらがテントの出入り口近くに寝るかは話し合う必要もなく、すこぶるテントへの納まりはいい。長年のキャンプで培ったスタイルは僕ら夫婦に染みついている。

余談だが、妻とはキャンプで出会い、キャンプで披露宴をして、新婚旅行もキャンプだった（笑）。子

子供が生まれて4人用のテント。また時間が経つとまた1〜2人用のテントに戻る

どもがお腹にいるときも箱バンで四国一周キャンプ旅行をした。とにかくキャンプをやっていればハッピーだったし、キャンプをするために働いていたような時期もある。そうかとおもえば一年に数度もキャンプをしなくなった年もあった。どのキャンプもそれぞれに印象深い思い出があり、かけがえのないものばかりだ。子どもが小さいから、時間がないから、お金がないから、キャンプをやらない理由はいくらでもあげられる。それらの整わないであろう条件でさえも、キャンプは寛容だ。やれば間違いなく、それなりに楽しいのだ。

これまでにやらなきゃよかったキャンプはひとつとしてなかったことをここで告白しておきたい。つまり、そのときにしか出来ないキャンプがあるってことなのだ。もう迷いはないでしょ（笑）。さぁ、今しかできないキャンプをしよう。

オヤジキャンプのススメ

同世代で集まる「オヤジキャンプ」も楽しい。似た者同士、同じような境遇、ヨロコビも哀しみも分かち合える。在りし日の道具たちを手の中に、ウンチクをとことん語り合うのだ。女子キャンプならぬオヤジキャンプもなかなかどうしてアツいもの。

そしてオヤジキャンプに欠かせないのが焚火。炎を前にすると、普段口数少ないオヤジが妙に饒舌になったり、いつもは陽気なオヤジが寡黙になったりする。炎の向こうに本音がちらほら。焚火と美味しい酒とともに（声のボリュームも落として）、オヤジキャンプの夜は更けていく。これも、今しかできないキャンプだろう。

キャンプのススメ STEP CAMP ってなに？

キャンプの知識は“いざ”に役立つ

キャンプの能力は生きるスキルに直結する

　キャンプというと、つい難しく考えがちだけど、単純に衣食住の営みであり、暮らしそのもの。それを外で行うということだ。日々慣れたことでも同じことを自然の中でやろうとすると、俄然勝手が違ってくる。

　朝起きたら、まずはトイレ、洗面、それからお湯を沸かしてコーヒーを飲む。と、ここまでを外で行うとなると、そこそこのイベントになるはず。雨なんか降っていようものなら、それはもう一大事である。日常生活がいかに便利で完成されたものかを実感するだろう。

　しかし、大きな災害に見舞われるとその生活は一瞬で奪われることを僕らは知った。たくさんの人が長い期間に渡って、不自由な生活を強いられる。暮らしが不自由というのは本当に辛いものだろう。そこにもし、アウトドアの知識や用品があったらどうだろう。それぞれが独立した生活を持つことが容易にできる。もしもテントが無くても、シートとポールとロープの組み合わせで風や寒さから身を守り、プライバシーも確保できる空間がつくれるかもしれない。ガスバーナーがなくても、枯れ枝や身近な燃えるものを使って安全に焚火料理が

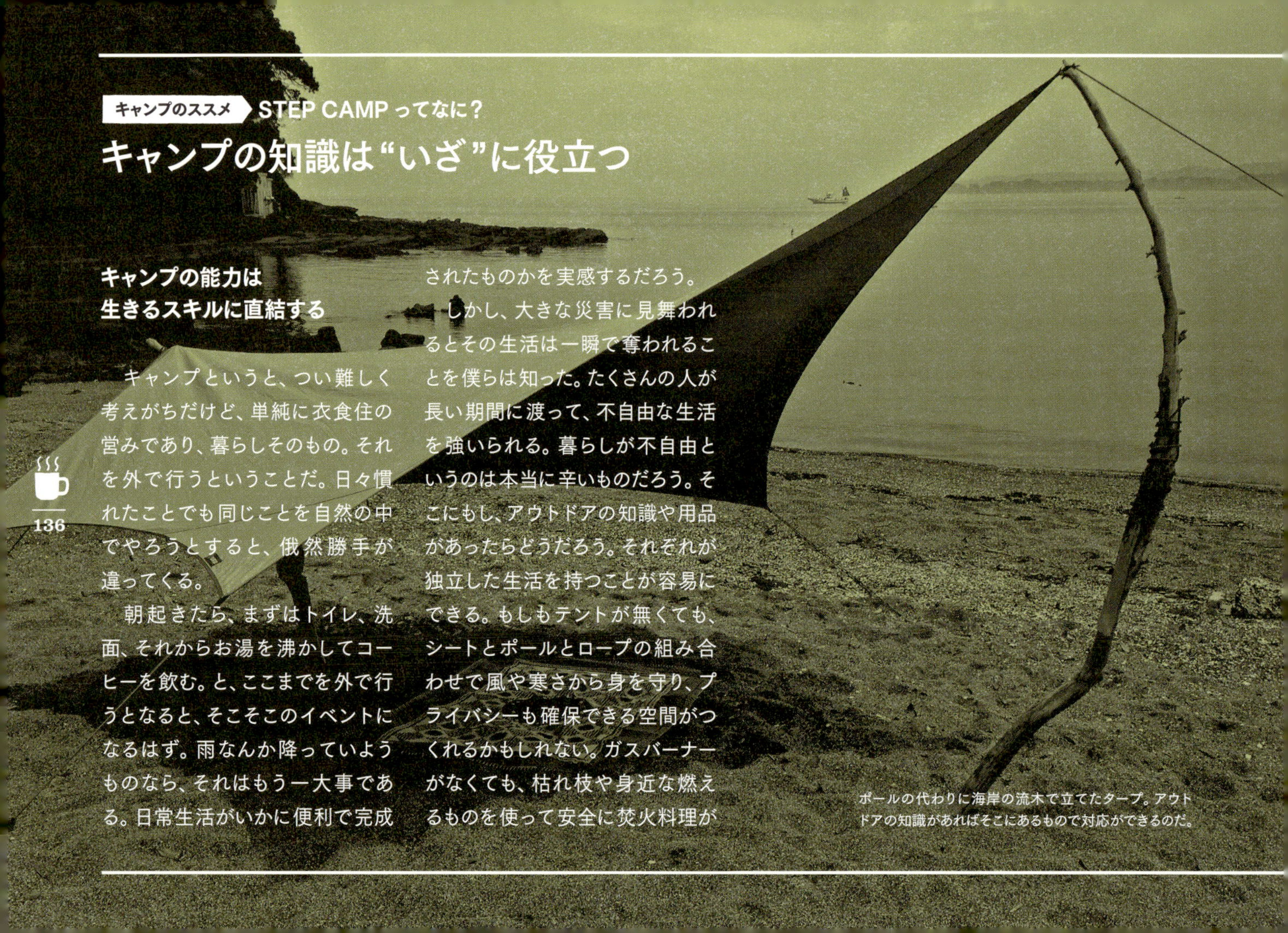

ポールの代わりに海岸の流木で立てたタープ。アウトドアの知識があればそこにあるもので対応ができるのだ。

できるかもしれない。寒さから身を守り、暖かい食べ物を食すだけでも心にゆとりが生まれてくるはずだ。もちろん専用の道具があればさらにその精度は上がるだろう。キャンプの能力はもはやレジャーだけではなく、生きるスキルに直結する時代になろうとしている。

楽しい体験ほど忘れないものになる

僕が主宰するSTEP CAMPのコンセプトは「楽しみながら備える」だ。一見矛盾している言葉に感じられるかもしれないが、この両立こそがこれからの時代を生きるキーワードだと思うのだ。まず最初はアウトドアの楽しさに触れてもらえるようなプログラムを、衣食住のテーマに分けて用意している。火を身近な燃料でおこし、最小限の水でごはんを炊き、テントの張り方を覚える。そのどれもが楽しいゲームのようなもので、一度体験しておくのとそうでないのとでは大きな違いがでるだろう。楽しい体験ほどより大きく広がるもので、忘れないものだと思うのだ。

「いざ」はこないほうがいい。アウトドアに目覚めてキャンプを楽しむ人生であるにこしたことはないのだから。しかし、防災という意識がアウトドアライフのきっかけになるのなら、そしてそれらのスキルを身につけることで、日常生活の不安が少しでも解消されるなら、STEP CAMPを提案する意義があろうというものだ。そうであることを願って、明日も1人でも多くの人とSTEP CAMPを共有していきたい。

親子が自分たちで探してきた燃料（枯れ葉、枯れ枝）でケリーケトルのお湯沸かしにチャレンジ。日常にはない火おこしは、子どもはもちろん大人だって楽しいもの。

焚火でマシュマロ焼き。子どもたちは遊びを通じて五感で焚火を感じとる。きっと忘れない思い出になるだろう。

一生モノを手に入れるための6つの方法

最新のモノよりも古典的な道具が魅力的

アウトドアの道具が好きだ。道具が好きでアウトドアを趣味としているのかも知れない。最新のモノにも驚かされるが、やはり長く使える古典的な道具に心惹かれる。これから道具を手に入れようという方にいくつか道具選びのコツを伝授しよう（完全な主観ですよ）。

①モノを見る眼を養おう

まずは手に入れる前にどんなものがあるかのリサーチから。今はインターネットで情報は容易に手に入る。しかし、実際の道具をお店で見て触って、話を聞いてみよう。比較検討はモノ選びの基本。一目惚れはもう少し先にとっておこう。それなりに経験が必要なんですよ。

②想像力とセンスも少々

キャンプだからといって、アウトドア用品からすべてを選ぶ必要はない。機能が合致していれば普段使いのものでも十分だし、場合によっては道具のよいアクセントとなる。道具に持ち主の個性はあらわれると心得よ。

③リペアができるものを選ぶ

長く使うためにはメンテナンスは不可欠だ。そして消耗した部分を交換できる構造のものを手に入れたい。リペアの度に愛着も湧き、キズさえも愛おしいものになるだろう。

④モデルチェンジの少ないものを

長年姿を変えない道具はそれ自体の完成度が高く、故障などのリスクも少ないといえる。愛用者も多いので、いろいろな情報を集められるだろう。

⑤価格ではなく気に入ったものを

値段の安さには誰しも弱いもの。しかし、そこを判断基準にすると後悔の旅になるぞ。しっかりとモノを見る眼を養い、その眼で気に入ったものを手に入れよう。それはきっと一生の宝物になるはず。

⑥それでも失敗はつきもの

どんなことにも失敗はつきもの。それは買い物にも当てはまる。だからといって、すぐに捨てたり買い替えるよりも、使い道はないか知恵を絞ろう。最後はあなたの知恵とユーモアでカバー。よき道具と素敵なアウトドアライフを!

番外編ー道具の収納方法

山のように積もった道具を押し入れにしまい込むよりは、ジャンルにわけて棚に並べておけば、家にいながらアウトドア気分が味わえる。キャンプに出かけるときは用途に合わせて道具のチョイスも楽だ。非常時にすぐに持ち出せるセットと、こっそり買ったものを隠しておく場所の確保も忘れずに(笑)。

キャンプのススメ 道具指南②

ベテランキャンパーによる3つの愛用道具

寒川さんの愛用道具

ストームクッカー

（トランギア/イワタニプリムス株式会社）

スウェーデン製のクッカーセット。いまやコンパクトとは言いがたいサイズだが、僕はこの中に小さなかまどが入っている（と思っている）。鍋を完璧に覆う形状はアルコール燃料の炎を最大限に引き出し、その名の通り風にもめっぽう強い。アルコールは薬局などでも手軽に入手できる燃料で、燃料が尽きたとしても小枝などを燃やせば焚火台になるなど、道具としての全うぶりがなにより心強い。僕はこれ以外の道具で飯をあまり炊きたくない。

ガダバウトチェア

（マクラーレン）

アウトドアチェアの代名詞。折りたたんだ状態がステッキ状になるのも、英国の散歩文化が生んだもの。何よりこのストライプ模様がキャンプに花を添えてくれる。大きさの割にはゆったりと座れるのも特徴。僕はこのチェアをベット代わりにする秘技を会得しているのだけど、それはまた次の機会に。焚火で使うときはできる限り、席を離れちゃいけない。ナイロン製のシートは火の粉で簡単に穴が空くから。雨のときの水抜きには役立つかもしれないけど（笑）。

キャスター（チェアつきザック）

（ホグロフス）

洗練された北欧のブランドのものだが、妙に垢抜けない佇まいがなんとも。木こりが使っていたものが原点と聞き納得。帆布の生地は重く、乾きにくいけど、自分で補修もできるし色褪せさえも愛おしくなる。背面のフレームは開くと腰掛けになり、またぐように腰を下ろせば座ったまま荷物にアクセスできる。僕はこのフレームに折りたたみの焚火台を挟み込み、薪と手斧をしのばせて秘密の場所に焚火を楽しみにいくのだ。気分はすっかりスナフキン（笑）。

柳さんの愛用道具

道具箱（DIY品）

週末、近くの公園でよくデイキャンプをしていた1998年頃の話。調理器具などを納められて気軽にテーブル変わりにも使えたり、まだ冷めないダッチオーブンや七輪でも撤収時に納められような木製の収納ボックスが欲しかった。市販品には自分の要求が高すぎるため、自作することにした（笑）。サイズはホーローのお皿をベースに採寸。鍋類はスノーピークのフライパン、8インチのダッチオーブンにビリーポットがスタッキングされており、組み立て式のソロ焚火台も入っている。フタは蝶番をつけていたが、現在は取り外して使っている。そのほうが上に物が乗っていても中の物が取り出しやすいからだ。

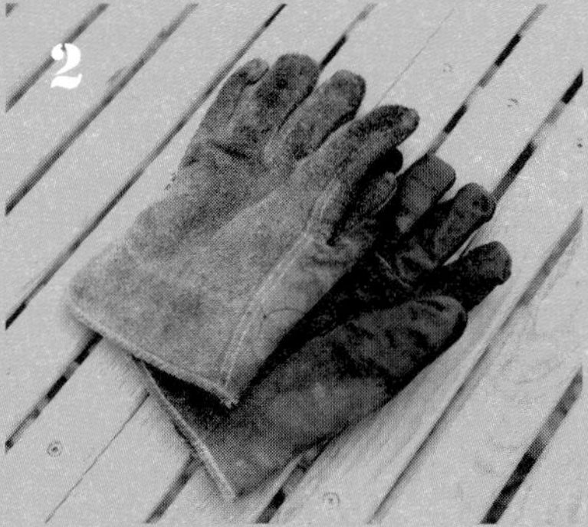

グローブ（メーカー不明）

アウトドアでグローブの存在は大きい。焚火の世話や熱の入ったダッチオーブンも安心して掴める。焚火では腕まである長いもののほうが安全度は増すのだけれど、私は装着の手軽さが気に入っていて、このショートグローブを愛用している。どこのブランドで、どこで買ったかもさえ忘れてしまったが、バックスキン（鹿皮）で内側はムートンになっているところがお気に入りで、脇がほつれてきても補修しながら20年くらい使い続けている。

赤ランタン（コールマン1960）

ランタンとクーラーボックスはコールマンに限ると思ってしまうのは、私の長年のキャンプ暦のせいだろう。いまではLEDなり手軽なカセットガスで使える優れたランタンが多く出回っているけれど、ガソリンランタンの明るく暖かい光は他にはない格別のものがある。コールマンのランタンは3つ使っているが、これは妻に貰ったいわゆるバースデーランタンで、この年代のキュートなグローブ（ガラス）が気に入っている。

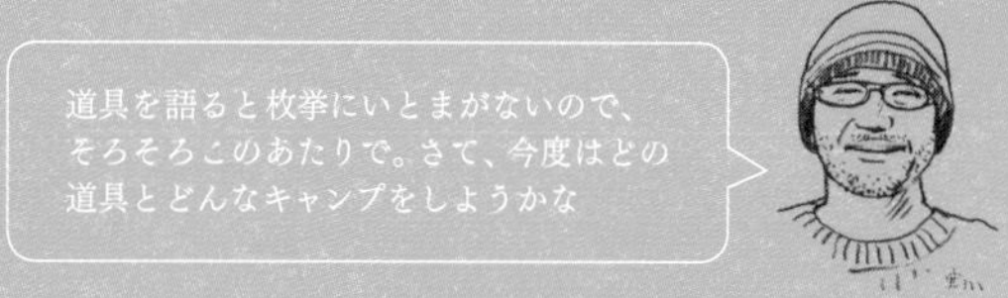
道具を語ると枚挙にいとまがないので、
そろそろこのあたりで。さて、今度はどの
道具とどんなキャンプをしようかな

初心者におすすめのキャンプ場

最後に、本書の撮影にご協力いただいたキャンプ場を紹介しよう。
関東圏内に絞られているが、自然の豊かさと、施設の充実度のバランスがよく、居心地がよいキャンプ場ばかり。もちろん、初心者や子ども連れにもおすすめだ。

イレブンオートキャンプ場／区画サイト

住所:
千葉県君津市粟坪300

URL:
http://www.eleven-camp.com/

TEL:
0439-27-2711

期間:
通年/チェックイン13:00～/チェックアウト～11:00

充実施設でキャンプデビューにおすすめ

雑木林に包まれた5万㎡の緑豊かな敷地に、120区画ものテントサイトが広がる。サイトの1区画も120 とゆったりとしたスペースが確保されており、プライベート空間が保たれながらものんびりとした時間が過ごせる。暖房便座つきの水洗トイレ、温水シャワー、ランドリーのあるサニタリーハウスの炊事場ではお湯が出るため、寒い時期での調理や食器洗いも快適。都心部からのアクセスも抜群。

森のまきばオートキャンプ場／フリーサイト

住所:
千葉県袖ケ浦市林562-1-3

URL:
http://www7b.biglobe.ne.jp/morimaki/

TEL:
0438-75-2966
（完全予約制）

期間:
通年/チェックイン10:00～/チェックアウト～17:00

大草原キャンプでゆったりとした時間を過ごす

都心からわずか1時間ほどで、元牧場の広大な土地を利用してつくられた牧歌的なフリーサイトが魅力。場内には羊舎や羊運動場が併設されていて、ヒツジやヤギとも触れ合えるため、子ども連れにおすすめ。このほか、ドッグラン、MTBコース、遊歩道、ブルーベリー畑など自然と触れ合える遊びが満載。なにより遅めに設定されたチェックアウト時間のおかげで2日目もゆったりと過ごせる。

パディントンベア・キャンプグラウンド／区画サイト

住所:
神奈川県相模原市緑区若柳1634

TEL:
0555-30-4580

URL:
http://www.paddington-bear.com/

期間:
4～11月/チェックイン14:00～19:00/チェックアウト7:00～10:00

キャンプとともに遊園地と温泉を楽しむ

遊園地とアウトドア施設が融合した、相模湖のプレジャーフォレスト内にあるキャンプ場。常設テントサイトやキャビンの種類も豊富で、テントを持っていない初心者でも安心して宿泊できる。オートキャンプサイトは54区画あり、整備されすぎていない自然がウリ。遊園地のほか、収穫体験ファーム、サバイバル場、屋外プール、温泉などキャンプとともに楽しめるレジャーがたくさんある。

PICA富士吉田／区画サイト

住所:
山梨県富士吉田市上吉田4959-4

TEL:
0555-30-4580

URL:
http://yoshida.pica-village.jp/

期間:
通年（テントサイトは冬季クローズ）/チェックイン13:00～19:00/チェックアウト7:00～12:00

森の中のテントサイトは涼しくて快適

標高1,000mに位置する森の中に佇むキャンプ場。コテージやパオ、トレーラーキャビンのほか、プライベートドッグランが併設されたキャビンなどラグジュアリーな宿泊施設が充実。テントサイトは森の中につくられており、背の高い木が日避けとなってくれるからサマーキャンプにはうってつけ。レンタル品も豊富で、「手ぶらキャンプセット」サービスなら基本アイテムが一式借りられる。

監修
STEP CAMP

寒川一（さんがわ はじめ）を代表とする、アウトドアのプロフェッショナル集団。自然とのふれあいを通して、現代人の心を解き放つ手伝いをしている。また、"楽しみながら備える" をコンセプトに、災害時にも有用な衣食住のアウトドアスキル「防災キャンププログラム」を提案。アウトドアイベントではもちろん、都市型マンションなどでもその重要性を訴えるプログラムを実践している。2014年に神奈川県三浦市油壺の胴網海岸の海の家をリノベーションし、「STEP CAMP BASE」を開設。7〜8月は海の家として運営しつつ、焚火体験、ハンモック、スラックライン、カヤック体験などを行う。

撮影
見城 了、中村文隆、市瀬真以（スタジオダンク）

イラスト
林 憲昭

デザイン
山本 陽、菅井佳奈（yohdel）

DTP
オノ・エーワン

執筆協力
たむらけいこ

編集
フィグインク

撮影協力
イレブンオートキャンプパーク
森のまきばオートキャンプ場
パディントンベア・キャンプグラウンド
PICA 富士吉田
株式会社エイアンドエフ

モデル
飯田ファミリー

レシピ協力、撮影協力
小雀陣二、大澤晶

写真提供
原田真理
北原千恵美
株式会社アンプラージュインターナショナル

新しいキャンプの教科書

監修者　STEP CAMP
発行者　池田　豊
印刷所　凸版印刷株式会社
製本所　凸版印刷株式会社
発行所　株式会社池田書店
　　　　〒162-0851
　　　　東京都新宿区弁天町43番地
　　　　TEL 03-3267-6821（代）
　　　　振替 00120-9-60072

落丁・乱丁はおとりかえいたします。
©K.K.Ikeda Shoten 2015, Printed in Japan
ISBN978-4-262-16272-0

本書のコピー、スキャン、デジタル化等の無断複製は著作権法上での例外を除き禁じられています。本書を代行業者等の第三者に依頼してスキャンやデジタル化することは、たとえ個人や家庭内での利用でも著作権法違反です。

1602103